EMOTIONIZE®
ME

CHRISTINE HOEFT

NOCH BEVOR
WIR BEGINNEN,
DIE WELT MIT
UNSEREM VERSTAND
ZU ERSCHLIESSEN,
VERBINDEN WIR
UNS MIT IHR
ÜBER GEFÜHLE.

DANKE

Danke Mama für die Liebe und die Ruhe, mich selbst zu finden.
Danke Mama für die Tränen der Freude in den kleinen Momenten.
Danke Mama für die positive Art, die Welt zu sehen und somit
leichter zu leben.

Danke Papa für die Kreativität und Geduld, mich selbst
auszuprobieren.
Danke Papa für jedes tröstende Wort bei Misserfolgen
und für die Power, neu zu starten.
Danke Papa für den immer wachsenden Glauben,
dass ich alles erreichen kann.

Danke an meinen Mann für seine Engelsgeduld
und seinen Rückhalt.
Danke an meinen Mann für seinen Glauben an mich.

Danke an meine Freunde für die Geduld und Freude,
die wir teilten und noch teilen dürfen. Auf dass uns die
Emotionen nie ausgehen!

EMOTIONIZE® ME: Es steckt auch in dir.

INHALT

INHALTSVERZEICHNIS

Möge die Macht der Emotionen mit dir sein!

Emotionen sind unsere heimlichen Superkräfte

»Mensch, Tine, musst du denn immer so emotional sein?«
Diesen Vorwurf habe ich, wie viele Frauen, in meinem Leben sicher schon tausendmal gehört. Früher habe ich mich dann geschämt. Emotional zu sein, wie klingt das denn? Damit möchte man mir sagen, dass ich mich von meinen Gefühlen beherrschen lasse, statt rational zu denken, dass ich schwer berechenbar und wankelmütig bin und überhaupt ein wenig unreif. Wenn heute jemand zu mir diesen Satz sagt, dann lächle ich und bin stolz darauf, ein emotionaler Mensch zu sein. Das bedeutet nämlich, dass ich nicht davor zurückscheue, die Untiefen meiner Gefühle zu erkunden und mir selbst zu vertrauen.
»Sie kämpft wie eine Löwin«, sagt man über Mütter, die für ihre Kinder Übermenschliches leisten. Angst und Liebe sind so starke Emotionen, dass wir mit ihnen zu Dingen im Stande sind, die eigentlich außerhalb unserer Fähigkeiten liegen. Leider trifft das auch auf Emotionen wie Wut oder Trauer zu. Sie können so stark sein, dass sie sich destruktiv auf die Stabilität unseres

Lebens auswirken. Sie können sogar zu einer Krankheit werden, wenn die Depression das Ruder übernimmt und kein anderes Gefühl mehr zulässt. Was wäre, wenn wir diese riesige Kraft dieser inneren Naturgewalten nutzen und kanalisieren könnten? Wenn wir unsere Gefühle jederzeit durch einen bewussten Umgang steuern und zielgerichtet einsetzen könnten? Welche Möglichkeiten eröffneten sich uns, wenn nicht mehr das Gefühl uns bestimmt, sondern wir das Gefühl? *»Ich fühle mich heute einfach nicht gut«*, sagte jüngst eine Teilnehmerin in einem meiner Workshops. Sie wollte mir damit das Signal geben, dass sie mit meinen Impulsen gerade nicht viel anfangen konnte, weil ihr irgendwie ihr Gefühl in die Quere kam. Genau benennen, was sie denn da fühlte, konnte sie im ersten Moment nicht, nur, dass etwas nicht »richtig« war. Die Erfahrung, dass mir mein Gefühl bei etwas einen Strich durch die Rechnung macht, habe ich schon oft gemacht. Ich freue mich auf eine Verabredung oder eine Veranstaltung, doch wenn der Termin näher rückt, ist die Vorfreude verpufft und wird von anderen Gefühlen überlagert. Wie oft habe ich mir deshalb schon selbst im Weg gestanden! Habe Chancen ungenutzt verstreichen und liebe Menschen ziehen lassen, bin lieber stehengeblieben als weiterzugehen, oder habe mich sogar auf eine falsche Fährte locken lassen und mich in einer Sackgasse wiedergefunden.

> Wie oft habe ich mir deshalb schon selbst im Weg gestanden!

DER EINFLUSS DER
GEFÜHLE AUF UNSER HANDELN
IST GEWALTIG.

Innere Naturgewalten: unsere Gefühle

Gefühle sind tückisch. Oft verbirgt sich unter ihrer Oberfläche etwas anderes als das Gefühl, das wir unmittelbar wahrnehmen und steuert uns so fremd. Gefühle können uns losgelöst von Zeit und Raum auch noch Jahre nach dem initialen Ereignis regelrecht überfallen und wir fühlen uns, als seien wir ihnen schutzlos ausgeliefert. Der Einfluss der Gefühle auf unser Handeln ist gewaltig. Er kann so stark sein, dass wir das Gefühl haben, ihnen nichts entgegensetzen zu können und ihnen wie ein Spielball ausgeliefert zu sein. Wenn unser Verstand mit dem Gefühl ringt, gewinnt meistens Letzteres und wir fragen uns, warum wir nicht tun, was wir doch eigentlich wollen. Wenn uns das bewusst wird, sind wir schon ganz dicht dran am Potenzial unserer Gefühle, das wir viel zu oft brachliegen lassen. Ein Gefühl ist immer authentisch. Falsche Gefühle gibt es nicht. Das heißt nicht, dass man Gefühle nicht manipulieren kann. Das kann man, sowohl im Positiven als auch im Negativen, aber wenn wir etwas empfinden, dann hat dieses Gefühl eine Berechtigung an sich, ohne, dass es durch etwas anderes bestätigt werden muss.

Zu Unrecht verdächtig: unser Bauchgefühl

Viele Menschen haben Angst vor ihren Gefühlen, gerade weil ihre Kraft so gewaltig ist.

GEFÜHLSAUSBRÜCHE ERWECKEN
UNSER MISSTRAUEN.

Jemand, der sich so dem Gefühl hingibt, der kann doch nicht zuverlässig sein, so denken wir, weil wir annehmen, dass sich eine gefühlsbasierte Grundlage für unser Handeln viel zu schnell ändern kann. Im Gegensatz dazu ist auf den Verstand Verlass. Eine mit dem Verstand getroffene Entscheidung überdauert den Impuls des Augenblicks, wenn das Gefühl längst abgeklungen ist. Dabei wird unterstellt, dass ein Gefühl nichts von Dauer ist, dass es sich verändert und damit nicht geeignet ist, uns als Wegweiser zu dienen.

Die Kritik am Gefühl ist berechtigt.

Die Kritik am Gefühl ist berechtigt. Gerade, wenn uns ein Gefühl in aller Heftigkeit überkommt, wenn es uns packt und herumschleudert, dann erfasst es selten eine Situation in ihrer ganzen Komplexität und in die Zukunft schauen kann so ein Gefühl auch nicht. Der Verstand analysiert eine Situation und kann anhand unserer Erfahrungen ableiten, wie sie sich vermutlich entwickeln wird, wenn wir eine Entscheidung treffen, doch das Gefühl weiß davon nichts. Es kennt nur die Vergangenheit und die Gegenwart. Wir brauchen den Verstand, um planvoll zu handeln und Entscheidungen zu treffen, die unserem kurzfristigen Gefühl entgegenstehen, weil wir langfristig von ihnen profitieren. Doch wie häufig bereuen wir es, nicht auf unser Gefühl gehört zu haben? Wir übergehen das Signal, das unser »Bauchgefühl« uns sendet und entscheiden nur mit dem Kopf, dabei kann das Gefühl Aspekte berücksichtigen, die sich unserer bewussten Wahrnehmung entziehen. Um die besten Entscheidungen zu treffen, müssten Verstand und Gefühl zusammenarbeiten und sich ergänzen, doch genau das ist selten der Fall. Der Grund dafür liegt in unserem falschen Umgang mit unseren Gefühlen. Viele von uns haben nie gelernt, sie richtig zu interpretieren.

Zuerst war das Gefühl

Der Mensch ist Gefühl. Noch bevor wir beginnen, die Welt mit unserem Verstand zu erschließen, verbinden wir uns mit ihr über Gefühle. Wir nehmen wahr, ob sich etwas gut oder schlecht anfühlt und wir fühlen, ob wir etwas brauchen. Das Gefühl ist unsere erste Verbindung mit der Welt, noch bevor wir geboren werden. Wir spüren schon im Mutterleib, was unsere Mutter fühlt. Ein neugeborenes Kind käme nie auf die Idee, sein Gefühl in Frage zu stellen. Wenn es sich unwohl fühlt, dann tut es das kund, lautstark zumeist. Doch irgendwann zwischen Krippe und 18. Geburtstag geht die klare Verbindung zu unserem Gefühl verloren. Wir lernen, dass es nicht ok ist, dem ersten Wutimpuls zu folgen und einem anderen auf die Nase zu hauen, wenn er uns das Spielzeug wegnimmt. Wir lernen, unsere Gefühle zu kontrollieren. Das ist leider aber auch der einzige Umgang, den unser Umfeld uns für unsere Gefühle mit auf den Weg gibt und leider ist er kein guter. Je heftiger nämlich das Gefühl ist, umso schlechter lässt es sich kontrollieren, was wiederum dazu führt, dass wir uns schwach und schlecht fühlen.

Verstehe, was du fühlst!

Woran es uns fehlt, ist das Verständnis für den Ursprung unserer Gefühle und das Erkennen ihrer Bedeutung. In der Forschung geht man davon aus, dass es rund fünf Grundemotionen gibt: Ekel, Angst, Wut, Freude und Trauer. Mit dieser Palette an Gefühlen kommen wir auf die Welt. Je älter wir werden, umso mehr verfeinern sich diese Gefühle. Scham kommt hinzu, die Empfindung der Liebe und Hingabe, Verlustangst fühlt sich anders an als die Angst vor einem Einbrecher. Unsere Gefühle werden komplexer und tiefer. Exakt das ist es, was sie für uns auch komplizierter macht. Gefühle können sich überlagern wie alte Farbschichten. Wenn wir beispielsweise Angst davor empfinden, vor einer Gruppe von Menschen zu sprechen, dann ist das nur die unmittelbare Emotion. Sie liegt über dem Gefühl, nicht gut genug, unzureichend zu sein, und dieses Gefühl wiederum ist verbunden mit der Angst vor Ablehnung. Folgen wir der Spur des Gefühls weiter, so zeigt sich, dass die Angst vor Ablehnung nichts weiter ist als die Angst vor dem Tod. Ein Säugling, der von seiner Mutter abgelehnt wird, oder ein Kind, das nicht von der Gruppe akzeptiert wird, kann allein nicht überleben und ist dem Tod ausgeliefert. Bekommen wir also schweißnasse Hände beim Gedanken an die nächste Präsentation, ist das kein Wunder, denn wir stehen gerade im wahrsten Sinne des Wortes Todesängste aus, auch wenn die Situation nach außen völlig harmlos wirkt. Die Angst vor dem Tod können wir nicht besiegen, sie ist menschlich. Sie uns bewusst zu machen und als Ursprung für viele andere Ängste zu erkennen, hilft uns aber, unsere Gefühle zu managen. Wir können mit verschiedenen Techniken unser Innerstes erreichen und uns bewusst machen, dass ein Vortrag vor Kollegen keine Lebensgefahr bedeutet. Auf diese Weise schwächen wir die Kraft der Emotion ab, ohne sie zu unterdrücken und ihr dadurch noch viel mehr Macht zu verleihen.

Ohne Gefühl geht gar nichts

Als Anwenderin der positiven Psychologie stelle ich immer wieder fest, dass die Menschen, die dauerhaft erfolgreich sind, mit ihrem Tun ein positives Gefühl verknüpft haben. Sie arbeiten nicht nur des Geldes oder des Prestiges wegen, sondern weil sie aus ihrer Tätigkeit einen anderen Gewinn ziehen. Arbeit macht ihnen Spaß, auch dann, wenn sie gerade anstrengend oder nicht lukrativ ist. Diese intrinsische Motivation ist der Heilige Gral des Emotionsexperten und entsteht einzig aus dem Gefühl. Mit deinem Verstand wirst du dich zwar morgens aus dem Bett bekommen, Leistung abrufen aber kannst du nur, wenn du dich zu deiner Aufgabe mit dem richtigen Gefühl stellst. Nichts erfordert so viel Kraft wie eine Tätigkeit, gegen die sich unser Gefühl stellt. Ohne Zwang hält das niemand aus. Als die junge Frau in dem Training mir damals das Feedback gab, dass sie sich heute irgendwie nicht so fühlte, folgte ich meinem Gefühl und nahm mir spontan mit ihr die Zeit, zu erkunden, wo dieses Gefühl herkam. Es zeigte sich, dass sie die Aufforderung zur Teilnahme an diesem Seminar als versteckte Kritik ihres Arbeitgebers erlebte und deshalb in eine innere Abwehrhaltung ging. Ihr selbst war das nicht bewusst, erst als wir darüber sprachen, zeigte sich dieser Zusammenhang. Es war dann ein Leichtes, diese Wahrnehmung mit einer anderen zu überschreiben. Ich erklärte ihr, dass ihr Chef ganz im Gegenteil eben jene Mitarbeiter ausgewählt hatte, bei denen er das größte Potenzial vermutete. Die Teilnahme war also in Wirklichkeit ein Kompliment, doch beinahe hätte die falsche Interpretation ihres Gefühls sie um die Chance gebracht, von diesem Angebot zu profitieren.

Mit Überschallgeschwindigkeit Richtung Zielgerade

Seit ich begonnen habe, mich mit der Macht der Emotionen zu beschäftigen, komme ich aus dem Staunen gar nicht mehr heraus.

Gefühle sind so stark, dass sie sogar die Gesetze unseres Körpers außer Kraft setzen können. Kein Wunder, dass so mancher davor zurückschreckt, mit solchen Kräften umzugehen. Doch wir können nicht nichts fühlen. Unsere Gefühle sind immer da, ob wir uns ihrer nun bewusst sind, oder nicht. Je bewusster wir mit unseren Emotionen umgehen, umso mehr sind wir im Einklang mit uns selbst und treffen Entscheidungen, die uns langfristig auf Erfolgskurs bringen, im Job wie im Privatleben. Nicht nur das: Wir können sogar Potenziale abrufen, zu denen wir sonst keinen

Doch wir können nicht nichts fühlen. Unsere Gefühle sind immer da, ob wir uns ihrer nun bewusst sind, oder nicht.

Zugang haben und im besten Sinne über uns hinauswachsen. Die Erkundung unserer Gefühle ist ein fantastisches Abenteuer voller Überraschungen. Es mangelt nicht an Magie und an Bösewichten, an gefahrvollen Orten und echten Helden. Gefühle sind immer subjektiv und genau das macht sie zu unseren besten Freunden. Wenn wir sie nicht länger in der Abstellkammer einsperren und nur hervorholen, wenn es opportun erscheint, bei einem Konzert, zu Weihnachten oder nach zu viel Wein, sondern die Beschäftigung mit ihnen aktiv steuern, dann erleben wir, wie sich viele Widerstände und Schwierigkeiten einfach in Luft auflösen.

In diesem Buch lernst du die Macht deiner Emotionen kennen. Du findest eine Menge Tools, die dir dabei helfen, das ganze Potenzial deiner Emotionen zu entschlüsseln und sie für deinen Erfolg und dein Glück einzusetzen.

In 12 Schritten erfährst du, was es mit deinen Gefühlen auf sich hat. Der Prozess ist ein Kreislauf, der mit dem Erkennen deiner Gefühle beginnt, dann deine Komfortzone verlässt, denn da beginnt Veränderung, und dem Verinnerlichen neuer Gewohnheiten[1] abschließt. Du kannst ihn immer wieder durchlaufen, wenn du in deinem Leben ein neues Ziel hast. Um es für dich übersichtlich zu halten, sind die Kapitel kurzgefasst, du findest aber immer wieder Links zu weiterführenden Inhalten. Um das Gelesene zu vertiefen, gibt es immer ein To-Do in Form einer Übung, die an die positive Psychologie nach Martin Seligman angelehnt ist[2]. In der positiven Psychologie geht es darum, Glück, Optimismus und Selbstvertrauen zu stärken und sich auf das zu konzentrieren, was uns voranbringt und nicht das, was uns zurückhält. Wir alle haben in unserer Vergangenheit Fesseln erworben, die uns am Boden halten. Positive Psychologie zeigt uns, wie wir uns von ihnen lösen und unser ganzes Glücks- und Erfolgspotenzial freisetzen. Zu jedem Kapitel gehört außerdem ein Extra, falls du noch mehr in dich und deine Emotionen investieren möchtest. Diese Extras sind manchmal kostenpflichtig, du brauchst sie aber nicht, um die Methode »EMOTIONIZE® ME« zu lernen. Sie sind nur ein zusätzliches Angebot für alle, die nicht genug bekommen.

Bist du bereit, dich mit mir auf das Abenteuer deiner Gefühle einzulassen? Dann schnall dich an und halte dich fest – denn »EMOTIONIZE® ME« heißt nicht weniger, als mit Überschallgeschwindigkeit deinen Zielen entgegenzufliegen.

Ich freue mich auf diese Reise mit dir!
Deine Tine

AUSSEN

Handeln

Nimm es an!
#bebrave

Wach auf!
#becurious

Lass es los!
#bedifferent

**Mach das
Glück zur
Gewohnheit!**
#behappy

Bleib dran!
#beconsistent

Pack es an!
#beready

Denken

Entfessele deine Power!
#bewild

Denke dich glücklich!
#bepositive

Schmiede einen Plan!
#besmart

Sei dankbar!
#bewow

Schau in deine Zukunft!
#beyou

Fühle deine Stärke!
#beproud

1

Wach auf!
#becurious

Entdecke
deine
Emotionen,
um sie
zum Motor
deines Erfolgs
zu machen

Today I am mindful

Wach auf!
#becurious

Kennst du das, wenn dir eine Sache keinen Spaß macht und dann geht auch noch alles schief? Du hast eine Einladung zu einer Party erhalten, auf die du keine Lust hast, aber du fühlst dich verpflichtet hinzugehen? Auf dem Weg dorthin verpasst du die Bahn, zerreißt dir die Strumpfhose und findest dann heraus, dass du auch noch dein Handy liegen gelassen hast? Oder du hast einen Geschäftstermin für ein Projekt, das dich langweilt, und kommst zu spät, weil du keinen Parkplatz findest, nur um dann festzustellen, dass du deine Unterlagen vergessen hast? Hast du dich dann schon einmal selbst dabei ertappt, dass du dich fragst, warum sich ausgerechnet jetzt alles gegen dich verschworen hat? Ich habe das häufig getan. Immer, wenn ich zu einem Geschäftstermin musste, der mir keine Freude machte, ertappte ich mich dabei, wie ich mich selbst sabotierte. Ich fuhr zu spät los, fand dann keinen Parkplatz und kam gestresst und zu spät zum Termin, ein denkbar schlechter Start. Ein anderes Mal hatte ich ein Vorstellungsgespräch in einem exklusiven Schuhladen. Das war zu einer Zeit, in der ich das Gefühl hatte, in meinem Leben unbedingt etwas verändern zu müssen, doch ich hatte keine Ahnung, was und es fehlte mir der Mut, groß zu denken. Also bewarb ich mich auf alle möglichen Stellen, weil ich mich von meinen Ängsten leiten ließ. Direkt vor dem Eingang dieses Schuhgeschäfts blieb ich mit meinem Absatz in einem Gitter hängen und machte ihn kaputt. Mit dem kaputten Absatz hatte ich bei dem Vorstellungsgespräch ausgerechnet in einem Schuhgeschäft denkbar schlechte Chancen.

»IF THE DOOR DOES NOT OPEN, IT IS NOT YOURS«

Heute weiß ich, dass das, was mich da aufhielt, mein Unterbewusstsein war, das dafür sorgte, dass ich nicht gegen meine Emotionen handelte. Eigentlich wissen wir nämlich immer ganz genau, was wir fühlen. Hast du schon einmal Kinder beobachtet? Je jünger sie sind, umso ungefilterter sind ihre Emotionen. Sie weinen, wenn sie traurig sind, sie toben, wenn sie wütend sind und sie freuen sich unmittelbar und intensiv. Die eigenen Gefühle kontrollieren zu lernen, ist ein wichtiger Prozess der persönlichen Reife und des Erwachsenwerdens. Es ist wichtig, sich nicht von seinen Gefühlen davontragen zu lassen, um Teil einer Gemeinschaft sein zu können und langfristige Ziele zu

Mein Unterbewusstsein schuf diese Situationen, um mich wieder auf Kurs zu bringen.

verfolgen. Doch wir lernen dabei auch, dass wir unsere Gefühle verdrängen und ignorieren können. Wir entdecken, dass wir uns mit unserem Verstand, unserem Willen, dazu zwingen können, gegen unsere Gefühle zu handeln. Manchmal ist das gut, etwa, wenn unser Gefühl uns sagt, dass wir jetzt eigentlich lieber unsere Lieblingsserie anschauen möchten, anstatt für die Prüfung zu lernen oder noch eine Runde schlafen, anstatt aufzustehen und zur Arbeit zu gehen, doch wenn wir das ständig machen und es uns nicht mehr bewusst ist, dann löst sich unser Erleben von unseren Gefühlen ab und wir sind immer weniger in der Lage, unsere Gefühle wahrzunehmen und zu bestimmen. Wir verleugnen unser wahres Ich und das macht auf Dauer krank. Nicht nur das: Unsere Gefühle sind wie ein Kompass, der uns auf Kurs hält, damit wir uns selbst verwirklichen. Unterdrücken wir sie, wissen wir nicht, in welche Richtung wir gehen sollen. Meine Parkplatzsuche und mein kaputter Absatz bewahrten mich davor, eine Richtung in meinem Leben einzuschlagen, die nicht zu mir passte. Mein Unterbewusstsein schuf diese Situationen, um mich wieder auf Kurs zu bringen.

Murphys Gesetz:

Was schiefgehen kann, geht auch schief

Murphys Gesetz geht auf den amerikanischen Ingenieur Edward A. Murphy zurück. Bei einem kostspieligen Raketentest brachte jemand alle Sensoren falsch an, sodass der Test scheiterte. Murphy formulierte deshalb seinen berühmten Satz, der in seiner Urfassung lautete: »Wenn es mehrere Möglichkeiten gibt, eine Aufgabe zu erledigen, und eine davon in einer Katastrophe endet oder sonst wie unerwünschte Konsequenzen nach sich zieht, dann wird es jemand genau so machen.«[3]

Später wurde daraus:

> »ALLES, WAS
> SCHIEFGEHEN
> KANN,
> WIRD AUCH
> SCHIEFGEHEN.«

Was das mit meinem kaputten Absatz zu tun hat? Wenn ich den Job in dem Schuhgeschäft wirklich gewollt hätte, dann wäre ich achtsamer gewesen, vermutlich hätte ich mir sogar ein zweites Paar Schuhe in die Handtasche gepackt. Wenn mir meine Geschäftstermine eine Herzensangelegenheit gewesen wären, dann wäre ich früh genug losgefahren, um ganz sicher einen Parkplatz zu finden. Solange ich gegen meine eigene Wahrheit lebte und lauter Dinge tat, die eigentlich gar nicht zu mir gehörten, hatte ich unablässig Murphy Momente. Ich habe ihnen sogar einen eigenen Namen verpasst, weil sie immer wieder auftauchten. Ich habe sie »Murph Momente« genannt. In meinem Buch »Das Lux-Prinzip« gehe ich darauf mehr ein, wenn du hierzu mehr erfahren möchtest. Meine Freunde lachten schon darüber, welche Katastrophen ich ständig erlebte. Erst als ich anfing, das zu tun, was ich wirklich tun wollte, und zu mir selbst zu stehen, hörte Murphy auf, mir ständig einen Besuch abzustatten. Heute taucht er nur noch auf, wenn ich mal wieder dabei bin, mich selbst zu verraten.

MEIN TIPP

Achte darauf, wann sich Murphy bei dir meldet. Was möchte er dir sagen? Lebst du gegen deine eigene Wahrheit? Vernachlässigst du deine Talente und dein Potenzial oder gehst Dingen nach, die dich weder glücklich machen, noch dich voranbringen?

Dann kannst du dir sicher sein, dass alles, was schiefgehen kann, auch schiefgeht. Aber wie immer gibt es auch eine gute Nachricht: Es gibt auch das Gegenteil, das Yhprum-Gesetz.

Yhprum ist ein Anagramm von Murphy und es sagt: »Alles, was funktionieren kann, wird auch funktionieren.« Es lädt uns ein, nicht aufzugeben und immer wieder einen neuen Versuch zu starten, wenn wir an etwas glauben – irgendwann wird es klappen.

Emotionen steuern unseren Alltag

Auch wenn es uns nicht bewusst ist, fühlen wir ständig etwas. Gefühle sind die Verbindung, die wir zu der Welt haben. Nur wenn wir zu etwas eine emotionale Verbindung haben, hat es für uns überhaupt eine Bedeutung. Emotionen geben unserem Leben Sinn und Tiefe, sie verleihen dem Erleben kräftige Farben. Ohne sie wäre alles Grau und Schwarz. Trotzdem redet uns unser Verstand ständig ein, dass er es ist, der für uns die Entscheidungen trifft, während in Wirklichkeit die Emotionen das Steuer in der Hand haben. Wenn du durch den Supermarkt gehst, nach welchen Kriterien wählst du dann aus, was in deinen Wagen wandert? Sicher spielen Aspekte wie Preis und Qualität eine Rolle, aber zwischen diese »Vernunftkäufe« mischen sich bei jedem von uns Artikel, die wir nur kaufen, weil sie uns ein gutes Gefühl geben. Die Schokolade, die uns tröstet, die Flasche Wein, die uns Entspannung bringt, der Käse, der viel zu teuer ist, aber so lecker schmeckt. Clevere Marketingstrategen machen sich genau das zu Nutze, sie beeinflussen unsere Emotionen mit Slogans, Geschichten, Farben und Gerüchen, sodass unsere Emotionen uns über Unterbewusstsein dazu bringen, die Produkte zu kaufen, die uns ein gutes Gefühl vermitteln.

Doch nicht nur bei Kaufentscheidungen spielen unsere Gefühle eine Rolle, auch wenn es darum geht, wen wir sympathisch finden oder wie wir eine Situation einschätzen. Anders als unser Verstand setzen sich unsere Gefühle nicht nur aus dem zusammen, was wir denken, sondern beziehen auch lange zurückliegende

> Nur wenn wir zu etwas eine emotionale Verbindung haben, hat es für uns überhaupt eine Bedeutung.

Erfahrungen, Informationen aus unserem Unterbewusstsein und dem kollektiven Gedächtnis in die Bewertung mit ein. Der amerikanische Sicherheitsspezialist Gavin De Becker[4] hat mehrere Bestseller darüber geschrieben, weshalb unsere Intuition uns bei der Bewertung gefährlicher Situationen nicht im Stich lässt und wir unserer Angst dringend vertrauen sollten. Opfer von Verbrechen beschreiben häufig, dass ihnen vor der Tat an dem Täter etwas seltsam vorkam, sie dieses Gefühl aber als irrational zur Seite schoben, dabei war die Warnung berechtigt. Vermutlich hat etwas am Blick, an den Bewegungen oder ein anderes Signal unser Unterbewusstsein und damit die Angst alarmiert, doch der Verstand hat sich durchgesetzt, obwohl ihm weniger Informationen zur Verfügung standen.

Emotionen – Botschafter unseres Unterbewusstseins

Emotionsforscher unterscheiden fünf Grundemotionen: Wut, Trauer, Angst, Freude und Ekel. Es sind diese Gefühle, mit denen Babys auf die Welt kommen und die sie unabhängig von ihrer Prägung empfinden. Im Laufe unseres Lebens kommen eine ganze Reihe weiterer Emotionen hinzu. Je älter wir werden, umso komplexer und feiner werden unsere Gefühle und gleichzeitig auch unsere Fähigkeiten, sie zu erkennen und zu kontrollieren. Unsere Beziehung zu unseren Gefühlen verändert sich also und ist Teil unserer persönlichen Reife. Wir selbst können bestimmen, ob wir es in Bezug auf unsere Gefühle in die Meisterliga schaffen, oder ob vieles, was in unserer Gefühlswelt geschieht, für uns rätselhaft und unbewusst bleibt und wir uns von unseren Gefühlen beherrschen lassen, anstatt sie bewusst einzusetzen. Was genau ist ein Gefühl? Ein Gefühl ist eine Reaktion auf ein Ereignis. Genauer gesagt: Ein Gefühl bedeutet das Bewusstwerden einer vorangegangenen Emotion. Neurowissenschaftler unterscheiden oft zwischen Emotionen, also der körperlichen Reaktion auf einen äußeren Reiz, und Gefühlen, bei denen das Gehirn die Reaktionen des Körpers verarbeitet. Es ist also die Bewertung! Das Wort »Emotion« kommt vom lateinischen »emovere« – hinausbewegen. Etwas wird in Bewegung gesetzt. Wir empfinden etwas, das wir zuvor noch nicht empfunden haben. Hinzu kommen körperliche Merkmale: Unser Pulsschlag beschleunigt sich, uns wird kalt oder heiß, wir fühlen Schwindel oder Schmetterlinge im Bauch. Das Gefühl verändert, wie wir denken, manchmal klarer, manchmal verwirrter, immer aber macht es uns bereit, zu handeln.

Wir denken also lauter Sachen und treffen Entscheidungen auf Basis unserer Gefühle. Diese Dinge laufen so schnell ab, dass unser präfrontaler Cortex, jener Bereich im Gehirn, der unsere Emotionen filtert und unsere Impulse reguliert, nicht immer reagieren kann. Das kennst du sicher: Wenn dich jemand anrempelt und sich nicht entschuldigt, empfindest du sofort Zorn. Dieser Zorn unterscheidet sich aber von jenem, den du wahrnimmst, wenn du zum wiederholten Male mitbekommst, dass deine Kollegin sich mit deiner Arbeit brüstet. Dann wägst du ab, ob es Sinn macht, sie zur Rede zu stellen oder ob du dem Konflikt aus dem Weg gehst.

Deine Gefühle entscheiden dein Schicksal

Unsere Gefühle bestimmen, wie wir uns verhalten. Umso wichtiger ist es, sie zu verstehen, denn Gefühle sind eine komplizierte Angelegenheit. Manchmal fühlen wir Dinge und können gar nicht benennen, was wir da fühlen. Warum empfinden wir Angst, wenn eigentlich gerade etwas Großartiges geschieht? Warum erwarten wir das Schlimmste, wenn doch eigentlich alles gut ist? Manchmal kommt es sogar vor, dass sich Gefühle von dem Ereignis, das sie ausgelöst hat, trennen. Wir vergessen das Ereignis, aber das Gefühl kommt immer wieder, wenn wir in eine ähnliche Situation geraten. Panikattacken sind ein Extrem solcher zeitverzögerten emotionalen Reaktionen, doch jeder von uns erlebt jeden Tag eine ganze Reihe schwächerer Gefühlsechos aus unserer Vergangenheit, die mit unserer Gegenwart gar nichts zu tun haben. Die Ursache dafür liegt in unserem Bewusstseinsstrom. Stell dir vor, du sitzt in einem Zug und schaust aus dem Fenster. Draußen zieht die Landschaft vorbei und plötzlich bleibt dein Blick an einem roten Haus hängen. Du erinnerst dich daran, dass du als Kind immer Urlaub in einem roten Haus gemacht hast und mit der Erinnerung steigen gute Gefühle in dir auf. Schon machst du dir wegen deines Termins, der vor dir liegt, weniger Gedanken und reagierst freundlicher, als dein Sitznachbar dich anrempelt. Aus Gedanken entstehen Gefühle, aus Gefühlen Handlungen und aus diesen formt sich irgendwann unser Schicksal. Grund genug, sich mit Gefühlen zu beschäftigen, und zwar sehr viel intensiver als wir es normalerweise tun. Gefühle sind Botschaften aus unserem Unterbewusstsein, sie stammen direkt aus unserer Seele und sie belügen uns nicht. Wir belügen uns höchstens selbst, wenn wir sie falsch interpretieren. Um diese Art von Selbstbetrug zu verhindern, ist es wichtig, zu erkennen, was du fühlst.

> Unsere Gefühle bestimmen, wie wir uns verhalten.

33

Emotionen sind die universale Sprache der Menschheit

Bestimmt hast du schon einmal von lauter besonderen und sogar lustigen Bezeichnungen für Gefühle in anderen Sprachen gelesen, die wir gar nicht kennen. Das dänische »Hygge« für Glück ist ein gutes Beispiel dafür, doch es gibt noch viele andere. Die Inuit etwa unterscheiden vier Arten von Wut, abhängig davon, was sie auslöst. Trotz dieser Unterschiede ist die Sprache der Emotionen universell. Gefühle zeichnen sich auf unserem Gesicht ab, unsere Mimik verändert sich und genau das können Menschen auf der ganzen Welt, unabhängig ihrer Kultur oder ihres Alters lesen. Unser kultureller Hintergrund, unser Geschlecht oder unsere gesellschaftliche Rolle entscheiden lediglich, wie stark wir unsere Emotionen ausleben – von der »nordischen Kühle« bis zum »südländischen Temperament«.

Weißt du, was du fühlst?

Hast du dich schon einmal mit luzidem Träumen beschäftigt? Luzide Träume sind Träume, in denen wir uns bewusst sind, dass wir träumen und diese Träume aktiv gestalten können. Im Internet gibt es eine ganze Reihe von Anleitungen zum luziden Träumen. Eine ganze Fangemeinde beschäftigt sich mit den Bewusstseinsreisen[5]. Um es zu erlernen, wird eine Technik angewendet: Während des Tages fragt man sich immer wieder, ob man gerade wach ist oder träumt. Irgendwann baut das Gehirn das ganz von selbst in den Traum ein und zack! – schon ist man mitten im luziden Traum. Ein ähnlicher Trick funktioniert auch, wenn wir uns mit unseren Gefühlen beschäftigen. Stelle dir in unterschiedlichen Situationen immer wieder die Frage, was du gerade fühlst.

Du wirst feststellen, dass es gar nicht so einfach ist, das zu bestimmen. Selten empfinden wir nur ein Gefühl und das so intensiv, dass wir es klar erkennen können. Meistens ist es ein Mix aus verschiedenen Emotionen, der unsere Wahrnehmung von Augenblick zu Augenblick prägt.

MEIN TIPP

Frage dich während des Tages immer
mal wieder, was du gerade fühlst.
Du wirst erkennen, dass du manchmal
Dinge fühlst, die dir gar nicht bewusst
sind und dass deine Gefühle nicht immer
zu deinem Erleben passen. Dabei kann
dir dein Körper helfen. Wenn du auf die
Signale deines Körpers achtest, dann kannst
du erkennen, welches deiner Gefühle
gerade dominant ist.

Empfindest du Angst? Müdigkeit?
Bist du aufgeregt oder desinteressiert?
Je größer die Dissonanz zwischen Bewusstsein und Gefühl ist, umso weniger sind wir
im Einklang mit uns selbst. Keine Sorge,
im Verlauf dieses Buches wirst du noch viele
Skills erlernen, mit denen es dir gelingt,
deine Emotionen zu erkennen
und zu verstehen.

Bist du Fan oder Sklave von dir selbst?

Wenn du morgens dein Gesicht im Spiegel siehst – was ist dann deine erste Emotion? Freust du dich über das, was du siehst, oder würdest du am liebsten wegschauen? Hast du das Gefühl, das Leben zu leben, das dich glücklich macht? Kannst du mit deinen Gefühlen umgehen, wenn sie sich bemerkbar machen, oder hast du das Gefühl, sie entweder zu verdrängen und gar nichts zu fühlen oder aber von ihnen überrollt zu werden? Traust du dir Dinge zu und glaubst du an dich oder wirst du oft von Selbstzweifeln heimgesucht und rechnest damit, ohnehin zu scheitern? Bestimmen Ängste dein Leben oder die Hoffnung und der Optimismus? Fühlst du dich manchmal deinen Gefühlen ausgeliefert und hast vielleicht sogar den Wunsch, sie betäuben zu wollen? Vermeidest du Situationen, die besonders emotionsgeladen sind? Kannst du über deine Gefühle sprechen? Ob du Fan oder Sklave von dir selbst bist, entscheidet maßgeblich über deinen Erfolg und dein Glück.

> Ob du Fan oder Sklave von dir selbst bist, entscheidet maßgeblich über deinen Erfolg und dein Glück.

Als Fan freust du dich über jeden neuen Tag, du kannst deine Emotionen genießen und du glaubst an dich. Als Sklave hast du das Gefühl, in einem Leben und einer Persönlichkeit gefangen zu sein, die nicht zu dir passen und wenn deine Gefühle dir das bewusst machen, läufst du vor ihnen davon. Ein Sklave ist unglücklich und fremdbestimmt. Er hat vielleicht Glaubenssätze verinnerlicht, die ihn gefangenhalten, er fühlt sich ausgebeutet und überfordert und ist abhängig von anderen. Ein Fan aber ist mit voller Begeisterung bei der Sache und nimmt sogar große Mühen auf sich, nur um etwas zu erreichen. Ich werde dir diese Frage am

Ende des Buches noch einmal stellen und bin gespannt darauf, wie sich deine Antwort dann verändert hat.

Wie ist deine Remote-Einstellung?

Jeder von uns hat ein Mindset, eine Remote-Einstellung, mit der wir mit unsrem Alltag umgehen. Positive Menschen sehen immer erst einmal das Gute an einer Situation, sie rechnen nicht automatisch damit, dass sie enttäuscht werden oder scheitern. Zwar sehen sie auch Probleme und Belastungen, doch sie wissen aus Erfahrung, dass es dafür Lösungen gibt. Ihr Optimismus strahlt auch dann, wenn äußerlich alles den Bach runtergeht. Pessimisten hingegen glauben, dass immer nur der schlimmstmögliche Fall eintritt. Sie sehen in allen Ereignissen etwas, das ihnen Angst macht oder negativ ist und rechnen auch nicht damit, dass ihnen jemand hilft oder sich Situationen lösen lassen.

Wenn du in dich hineinhörst, wie würdest du dann deine Remote-Einstellung beschreiben? Bist du Optimist oder Pessimist? Unsere Gefühle bestimmen, wie wir unsere Umwelt erleben und unsere Vergangenheit und Zukunft bewerten. Das Gute daran: Über unsere Gefühle können wir unser Mindset beeinflussen und neue Perspektiven verinnerlichen.

»UNSER KOPF IST RUND, DAMIT
DAS DENKEN DIE RICHTUNG
WECHSELN KANN«[6]

Das schrieb der französische Schriftsteller und Dadaist Francis Picabia einst in einem meiner Lieblingszitate. Manche versuchen, unsere Gefühle über unsere Gedanken zu verändern, obwohl es umgekehrt sehr viel einfacher ist. Das bedeutet: Auch wenn du jetzt eher ein pessimistisches Mindset hast, kannst du das aktiv verändern und so mehr Lebensfreude für dich gewinnen.

Versinnbildlicht:
Rote oder blaue Pille? Du entscheidest!

Sicher kennst du die Matrix-Filme, in denen Hauptfigur Neo herausfindet, dass die Realität, in der wir leben, eine von Aliens erschaffene Pseudorealität ist, um die Menschheit auszubeuten. Er begegnet Morpheus, der ihm eine blaue und eine rote Pille hinhält. Neo kann sich entscheiden, ob er in der gefälschten Realität bleibt, oder ob er aufwacht und die dramatische Situation erkennt und bekämpft, in der sich die Menschheit befindet. Eine ähnliche Situation spielt sich jeden Tag mehrere Male in deinem Kopf ab. Je nach deiner Remote-Einstellung erlebst du den gleichen Tag als eine Serie von unlösbaren Problemen, bist missmutig und freust dich nicht auf den nächsten Tag. Oder aber du nimmst die andere Pille, und obwohl sich an den äußeren Bedingungen nichts verändert, erlebst du ihn anders, denn du findest zwischen allen Herausforderungen Erlebnisse, die dich stärken und motivieren.

Das sagt die Wissenschaft:

Das CASIO-Modell – wie ist es um deine Lebensqualität bestellt?

Das CASIO-Modell wurde von dem amerikanischen Therapeuten Michael B. Frisch[7] entwickelt. Es setzt sich aus den Wörtern Circumstances (äußere Umstände), Attitude (Wahrnehmung/ Einstellung), Standards (Bewertung im Licht eigener Werte), Importance (Bedeutung für dich) und Overall Satisfaction (generelle Zufriedenheit) zusammen. Diese Bereiche beeinflussen sich gegenseitig. Die äußeren Umstände etwa sind deine Wohnsituation, deine Gesundheit, deine Nachbarn und die Stadt, in der du lebst. Deine Wahrnehmung ist nicht nur von diesen äußeren Umständen beeinflusst, sondern auch von deinen inneren Standards. Entspricht dein Leben dem, was du für dich als »gutes Leben« definierst? Wenn nicht, dann kannst du entweder etwas an den äußeren Umständen ändern oder deine inneren Standards verändern. Auch kannst du die Priorität verändern, die dieser Bereich für dich hat. Vielleicht bist du mit deiner Wohnsituation unzufrieden, aber weil du oft unterwegs bist oder glücklich verliebt, spielt es keine so große Rolle mehr. Die Wichtigkeit wird von den Standards beeinflusst. Gemeinsam haben sie Einfluss auf unsere generelle Zufriedenheit[8].

ToDo

WIE WIRKST DU? WIE SEHEN DEINE FREUNDE DICH?

Wie angekündigt, schließt jedes Kapitel mit einer kleinen Aufgabe.

Wenn du mutig bist und Lust hast, etwas auszuprobieren, dann mache Folgendes:

42

**Frag fünf Menschen in deinem Umfeld,
wie sie dich sehen.**

**Was schätzen sie an dir und in welchen
Situationen haben sie das erlebt?**

**Bitte sie um ehrliches Feedback,
nicht um Komplimente.**

Überrascht dich, was sie schreiben?

**Entdeckst du vielleicht Eigenschaften,
von denen du noch gar nichts wusstest?**

Wenn du es noch genauer wissen möchtest,
dann schau auf meiner Homepage vorbei.
Dort findest du ein PDF zum Download, mit
dem du für dich analysieren kannst, was dich
glücklich macht und stärkt und was dich eher
schwächt und dir Energie abzieht.

AUSSEN

Handeln

Nimm es an!
#bebrave

Wach auf!
#becurious

Lass es los!
#bedifferent

Mach das Glück zur Gewohnheit!
#behappy

Bleib dran!
#beconsistent

Pack es an!
#beready

Denken

**Entfessele
deine Power!**
#bewild

**Denke dich
glücklich!**
#bepositive

**Schmiede
einen Plan!**
#besmart

Sei dankbar!
#bewow

**Schau in
deine Zukunft!**
#beyou

**Fühle
deine Stärke!**
#beproud

Nimm es an!
#bebrave

Sei empfänglich
für deine
Emotionen
und begrüße sie
als Botschaften
deines
Unterbewusstseins

MINDSET

Today I am fine

Nimm es an!
#bebrave

»Du bist immer so emotional« – wie oft ich diesen Satz in meinem Leben schon gehört habe, kann ich schon gar nicht mehr zählen. Früher empfand ich ihn als Vorwurf für etwas, das ich gar nichts konnte. Meine Gefühle fragten mich nicht um Erlaubnis. Um so zu sein, wie meine Umwelt mich gerne haben wollte, fing ich an, meine Gefühle zu ignorieren. Verdrängen kostet Kraft und Emotionen lassen sich immer nur kurzfristig beiseiteschieben. Meine holen mich in der Folge immer dann ein, wenn ich am wenigsten mit ihnen rechnete. Das Problem: Zeitlich losgelöst von ihrem Anlass fühlte ich mich, als säße ich mit verbundenen Augen in

> **Meine Emotionen hatten die Kontrolle über mich gewonnen, weil ich mich ihnen nicht stellte.**

einer Achterbahn. Meine Emotionen hatten die Kontrolle über mich gewonnen, weil ich mich ihnen nicht stellte. Schlimmer noch: Ohne Zugang zu ihnen war es, als fehlte mir ein wichtiges Instrument, um mich im Alltag zu orientieren. Ich musste feststellen: Mein Bauchgefühl wusste häufig mehr als mein Verstand. Als ich den Mut hatte, meine Emotionen als einen Teil von mir anzunehmen, erschloss sich mir das ganze Potenzial, das in meiner Gefühlswelt schlummerte. Emotionen waren der Schatz in meinem Inneren. Ich musste nur lernen, mit ihnen umzugehen.

Die Kraft deiner Emotionen

Auf der Suche nach Antworten stieß ich auf die Arbeit des Wiener Neurologen und Psychiaters Viktor Frankl.[9] Er hatte seine Arbeit der Frage nach dem Sinn unserer Existenz verschrieben. Als Holocaust-Überlebender konnte er seine entsetzlichen Erfahrungen im Konzentrationslager Auschwitz besser verarbeiten, wenn er in ihnen einen tieferen Sinn erkannte. Es gelang Frankl, diesen Sinn in dem unbedingten Auftrag zu Versöhnung und Frieden in der Welt zu sehen.

»Happiness is an Inside-Job«

In der Folge begründete er die Logotherapie, in der die Heilung der Seele durch Sinngebung geschieht. Emotionen werden immer dann unkontrollierbar, wenn wir uns ihrer Botschaft verschließen und unseren Erfahrungen einen Sinn geben. Wir akzeptieren sie als Teil von uns. Sinnsuche kann noch viel mehr: Sie stiftet ein Gefühl von Glück, das unabhängig von äußeren Faktoren ist. Anders als die klassische Psychotherapie ging Frankl davon aus, dass die Sinnsuche unsere stärkste Triebkraft ist. Einfach ausgedrückt: Glück ist, was unserem Leben Sinn verleiht. Worin dieser besteht, bestimmt jeder Mensch für sich selbst. Das macht uns zu unseren eigenen Glücksbringern. Großartig, oder?

Emotionen kontrolliert man, indem man sie austrickst

Frankl dachte noch weiter: Um Menschen zu befähigen, auch jene Emotionen zu kontrollieren, die in unserem Alltag ein Eigenleben führen, Angstzustände etwa oder andere Neurosen, entwickelte er einfache, aber wirksame Strategien, um diese Emotionen auszutricksen. Eine davon ist die paradoxe Intention, bei der Betroffene bewusst an das denken, was ihre Angstzustände auslöst, was paradoxerweise dazu führt, dass sie ausbleiben. Unglaublich! Emotionen macht man unschädlich, indem man auf sie zugeht. Ein anderes wirksames Tool ist die Dereflexion. Wenn sich unsere angeknackste Psyche in Form eines Symptoms meldet, dann ist der beste Umgang, das zur Kenntnis zu nehmen und den Fokus aktiv auf etwas Positives zu lenken. Das Symptom verliert seine Macht über uns.

Emotionen macht man unschädlich, indem man auf sie zugeht.

Frühjahrsputz für die Seele

Für meinen Umgang mit den Emotionen waren Viktor Frankls Ansätze von unschätzbarem Wert. Durch ihn konnte ich der Spur meiner Emotionen zu den Stationen meines Lebens folgen, in denen sie zum ersten Mal auftraten. Ich betrachtete diese Erfahrungen unter der Frage nach dem Sinn, den sie in meinem Leben hatten. Bei einigen zeigte sich, dass sie mir wie Wegweiser auf der Reise zu mir selbst dienten. Sie hinterließen Spuren in Form von Emotionen, in denen sich die Erfahrung Erfahrung kondensierte. Bei anderen zeite der Blick zurück, dass sie gar nicht von so großer Bedeutung für meinen Lebenswaren, wie ich ursprünglich angenommen hatte. Ich mistete kräftig aus und fühlte mich auf einmal freier, stärker und selbstbestimmter als je zuvor. Ein wunderbares Gefühl, zum Nachmachen unbedingt empfohlen!

Emotionen im Alltag managen

Emotionen fragen nicht, ob wir gerade Zeit für sie haben. Sie kommen unmittelbar und mit ganzer Wucht. Entkommen können wir ihnen nicht, aber wir können sie erfolgreich managen. Es geht darum, sie wahrzunehmen, statt sie zu unterdrücken, selbst wenn sie uns unangenehm sind. Verdrängen lässt Emotionen immer stärker werden, bis sie wie eine Naturgewalt durch unser Leben toben und Chaos hinterlassen. Also: Bewusst Zeit nehmen, um die Emotion als Botschaft zu begrüßen und sich fragen, welchen Sinn ihr Auftauchen für uns hat. Warnt sie uns vor einer falschen Entscheidung? Oder ist sie ein Relikt aus der Vergangenheit, das man getrost entsorgen kann? Wer so vorgeht, der hat in seinem Bauchgefühl einen Ratgeber für das ganze Leben.

> Emotionen fragen nicht, ob wir gerade Zeit für sie haben.

Gefühle sind die Essenz unserer Erfahrungen

Gefühle sind ein entscheidender Bestandteil unserer Wahrnehmung. Sie verbinden uns mit der Welt, mit anderen Menschen, mit unserer Vergangenheit und uns selbst. Ihr Einfluss auf unser Handeln ist so groß, dass der Verstand im Zweifel keine Chance hat. Welche Funktion erfüllen Emotionen für unseren Bezug zu unserer Umwelt? Emotionen sind sowohl biologisch als auch evolutionshistorisch älter als unser Verstand. Mit einigen wie Ekel oder Angst kommen wir auf die Welt, weil sie uns vor Gefahren warnen. Andere entstehen durch unsere Erfahrungen. Das durch das Erleben gemachte Wissen wird nicht etwa sauber in Karteikarten einsortiert, sondern in ein eigenes Gefühl übersetzt, das sich immer dann regt, wenn ein »Trigger«, ein Auslöser, die Möglichkeit aufzeigt, dass wir uns in einer vergleichbaren Situation wie damals befinden, als die Emotion entstand. Die Emotion taucht auf, um uns daran zu erinnern, dass wir so etwas schon einmal erlebt haben und von den gemachten Erfahrungen profitieren. Auf etwas, das in ähnlicher Situation Angst oder Stress in uns ausgelöst hat, reagieren wir deshalb mit Abwehr, während wir lohnende Erfahrungen unbedingt wiederholen möchten.

Original oder Remake? Schau hin!

Unser Verstand kann abgleichen, ob die Situation tatsächlich vergleichbar ist und damit die Emotion bestätigen und weiter verstärken oder Merkmale finden, die heute von damals unterscheidet. Aber Gefühle schmerzen nun einmal oder fühlen sich richtig gut an. Deshalb laufen wir lieber davon, wenn sich ein bekanntes, unangenehmes Gefühl ankündigt, an das wir auf keinen Fall erinnert werden möchten, oder aber wir sind so versessen, ein schönes Gefühl erneut zu erleben, dass wir alle Warnsignale übersehen. Unterdrücken wir negative Emotionen ständig, merkt sich unsere Psyche das und verschiebt sie in die Abstellkammer im finstersten Eck unseres Seelenkellers. Weit entfernt von unserem bewussten Zugriff auf sie, spukt sie nun dort unten herum und kann uns das Leben ganz schön schwer machen.

Spotlight auf deine Emotionen: So geht es

Ganz gleich, ob unsere Emotionen gerade willkommen sind oder nicht, sie verschwinden erst, wenn wir sie bewusst zur Kenntnis nehmen. Manchmal sind Gefühle nicht eindeutig. Empfinde ich gerade Angst, Wut, Trauer oder Überforderung? Nicht so leicht zu bestimmen. Bewusster und achtsamer Umgang mit allen Emotionen, die dich im Laufe deines Tages besuchen, lässt dich deine Gefühle schneller definieren. Frag dich doch einfach immer mal wieder, was du eigentlich gerade fühlst. Du wirst feststellen, dass du mehrere Gefühle gleichzeitig haben kannst, die sich auch noch widersprechen. Wie soll man denn da den Durchblick behalten? Und welchem Gefühl soll man denn nun folgen?

Manchmal sind Gefühle nicht eindeutig.

Darauf gibt es keine allgemeingültige Antwort. Gefühle handeln nicht, sondern sind. Sie wahrzunehmen und in unseren Gedanken Raum zu schaffen, keines zu ignorieren oder überzubewerten, ist ein Prozess. In diesem Prozess wiederum ist das Gefühl dein Kompass. Fühlt sich die Entscheidung oder die Analyse wirklich ganz und gar richtig an? Oder hast du Zweifel? Dann kehre zu deinen Gefühlen zurück, nimm sie wahr und versuche, sie in einen Zusammenhang zu bringen, indem sie gemeinsam Sinn machen, auch wenn es Mut erfordert, diesen Sinn anzunehmen. Annahme ist viel leichter als Ablehnung. Es erfordert nur, »Ja« zum Jetzt in seiner Gesamtheit zu sagen. Den Weg zu diesem »Ja« kannst du finden, wenn du dich mit der Kraft des Augenblicks verbindest und alles zulässt, was ist.

Versinnbildlicht:

Die Sache mit dem Luftballon

Was du nicht kannst, ist, deine Gefühle zu ignorieren. Vielleicht machen sie dir Angst oder du kannst sie nicht richtig interpretieren, vielleicht zwingen sie dich, eine Realität zu sehen, die dir nicht gefällt. Es ist menschlich und geschieht jedem von uns ständig, Gefühle lieber wegzudrängen, weil wir uns nicht mit ihnen beschäftigen wollen. Doch Gefühle, die du verdrängst, verschwinden nicht. Sie sind wie ein Ballon, den man unter Wasser drückt. Das kostet unvorstellbar viel Kraft und lässt man nur ein wenig nach, steigt er von selbst nach oben. Gib deine Kraft lieber in die Arbeit mit statt gegen deine Gefühle. Lass sie frei und schau dir an, wohin der Wind sie trägt. Du wirst überrascht davon sein, was du dort für dich vorfindest.

Das Tor zur Achtsamkeit: Meditation

Gefühle zu erkennen und anzunehmen, ist eine schwierige Aufgabe. Vor allem Menschen, die über Jahre hinweg ihren Gefühlen ausgewichen sind, wird es schwerfallen, sie sofort beim Namen zu nennen. Achtsamkeitsmeditationen richten unsere Aufmerksamkeit auf unsere Wahrnehmung, körperliche Empfindungen und seelische Emotionen zugleich. Wir nehmen wahr, was wir empfinden, ohne es zu bewerten. Unser Verstand bleibt im Hier und Jetzt. Achtsamkeitsmeditation kann noch viel mehr: Eine Studie Gießener Forscher[10] belegte, dass schon nach acht Wochen regelmäßigen Meditierens messbare Veränderungen im Gehirn auftreten. Stresssymptome verringern sich, unser Gehirn läuft entspannter und leistungsfähiger. Sichtbarste Folge ist eine Zunahme der grauen Substanz, die in unserem Gehirn für die Rechenleistung zuständig ist.

ToDo

BEWUSSTER FÜHLEN IN NUR ZEHN MINUTEN

Ganz ehrlich?
Meditieren ist überhaupt nichts für mich.

Dafür bin ich viel zu lebendig. Ich bin am liebsten unterwegs und probiere neue Sachen aus. Aber ich habe eine Meditationsanleitung gefunden, die so simpel ist, dass sie sich sogar in mein abwechslungsreiches Leben integrieren lässt. Alles, was du brauchst, ist ein Platz, an dem du gut sitzen kannst, eine Bank in der Natur, ein Stuhl unter dem Fenster oder einfach nur ein Plätzchen, das die Sonne für uns wärmt. Setze oder lege dich so hin, dass du ganz entspannt bist. Lass dir Zeit dabei, die Position für dich zu finden, die sich am besten anfühlt. Dann schließe die Augen und beginne damit, im Augenblick anzukommen.

Atme dreimal tief ein und aus und lade dich so mit neuer Energie auf. Du atmest dich in deinen Körper, in den Augenblick hinein und du lässt alles los, was dich belastet. Für die nächsten fünf Minuten musst du nichts wollen, nichts tun, nichts erfüllen, einfach nur sein. Spüre, wie sich dein Körper heute anfühlt.

Bist du ausgeschlafen? Gibt es eine Stelle, die dir weh tut? Zwickt dich deine Kleidung? Erkunde ausgiebig, wo sich dein Körper mit der Welt verbindet.

Ist die Lehne in deinem Rücken hart oder weich? Ist es warm oder eher kalt? Gibt es Geräusche, die du hören kannst? Hörst du deinen eigenen Herzschlag? Kitzelt dich etwas?

Versuche, mit deiner Aufmerksamkeit nur im Hier und Jetzt zu bleiben. Denke nicht über das Vergangene nach und plane nicht, was gleich passiert. Lass einfach geschehen, folge keinem der Impulse aus deinem Inneren. Gedanken kommen, nimm sie wahr und lass sie ziehen. Gefühle melden sich, begrüße sie, ohne sie zu analysieren. Lausche dabei dem Geräusch deines eigenen Atems. Atme bewusst in deine Bauchregion, mit tiefen, starken Atemzügen. Immer, wenn du einatmest, sagst du in deinem Inneren »Ja« zum Leben und seiner transformativen Kraft, und wenn du ausatmest, verabschiedest du dich von allem, was dich an deiner Weiterentwicklung hindert. Deine Aufmerksamkeit wird sich, jetzt umgelenkt, allen möglichen Dingen zuwenden.

Einem Jucken am Kinn etwa oder dem Geruch deiner Kleidung, aber auch deinem Magenknurren und der Frage, was heute Abend im Fernsehen kommt.

Erkenne, dass dich die Summe all dieser Details ausmacht, die immer sind, ohne, dass du sie bemerkst. Lass zu, dass sie sich jetzt Raum nehmen, ohne sie festhalten zu wollen. Genieße es mit Freude, dass du die Welt und das Leben auf so viele unterschiedliche Weisen fühlen kannst und dann sag »Ja« zu dir in all deinen Facetten. Nimm alles an, was jetzt zu dir gehört, ohne es zu bewerten. Auch wenn du es nicht verstehst, existiert es nicht ohne Grund. Doch Leben heißt unablässige Veränderung, das Einzige, was wirklich von Dauer ist, ist der Wandel.

Jeden Atemzug, den du jetzt machst, kannst du nur einmal machen. Lebe und gestalte bewusst entlang dieser Prinzipien und du wirst wachsen und immer neue Ziele erreichen. Versuche, immer mehr nur das Erleben des Augenblicks in das Zentrum deiner Aufmerksamkeit zu stellen. Wenn du abschweifst, kehre liebevoll dorthin zurück.

Frage nicht, erwarte nicht, sei einfach da. Nimm die Pausen zwischen deinen Atemzügen wahr. Auch sie sind wichtig. Stell dir vor, wie mit deinem Atem frischer Wind in jede deiner Zellen fährt und sie mit neuer Kraft versieht. Die letzten drei Atemzüge sind besonders tief und aufmerksam. Verabschiede dich von dieser Begegnung mit dir und dem Augenblick und bereite dich darauf vor, die Augen wieder zu öffnen.

Bis zum nächsten Mal!

Schreib mir eine kurze Nachricht an hi@emotionizeme.de und nenn mir einen Moment, an dem du richtig mutig warst und dich einem Gefühl gestellt hast. Zur Belohnung schicke ich dir die »EMOTIONIZE® ME« Sticker zu, um dich im Alltag an deine Ziele zu erinnern. Ich freue mich auf deine Nachricht!

AUSSEN

Handeln

Nimm es an!
#bebrave

Lass es los!
#bedifferent

Wach auf!
#becurious

Mach das Glück zur Gewohnheit!
#behappy

Bleib dran!
#beconsistent

Pack es an!
#beready

Denken

**Entfessele
deine Power!**
#bewild

**Denke dich
glücklich!**
#bepositive

**Schmiede
einen Plan!**
#besmart

Sei dankbar!
#bewow

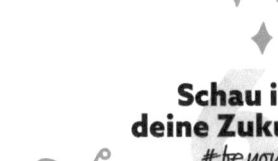

**Schau in
deine Zukunft!**
#beyou

**Fühle
deine Stärke!**
#beproud

Lass es los!
#bedifferent

Lass alles los, was
sich nicht durch den
Augenblick bestätigt
und schaffe Raum
für die Veränderung,
die dein Leben
neu gestaltet

MINDSET

Today I am free

Lass es los!
#bedifferent

Zu den schwierigsten Lektionen in meinem Leben gehörte die Erkenntnis, dass so zu sein, wie alle anderen, für mich keine Strategie war, mit der ich etwas erreichen oder auch nur glücklich werden konnte. Gar keine leichte Sache! Angenommen zu werden und Zugehörigkeit zu erfahren, ist entscheidend für unser Vertrauen in die Welt und in uns selbst. Manche Aspekte können wir betonen und verstärken, andere können wir nicht verbergen. Sie gehören zu uns wie Muttermale oder Sommersprossen. Wir haben sie nicht frei gewählt, aber wir müssen mit ihnen umgehen und sie akzeptieren. Das ist schwer, wenn das eigene Umfeld ständig behauptet, dass man irgendwie nicht richtig ist, nicht dazu gehört, nicht reinpasst. Das verunsichert, sorgt für Selbstzweifel und sogar Angst.

Wir alle möchten irgendwo dazu gehören. Als Harmoniemensch konnte ich nicht verstehen, weshalb ich andere akzeptierte, sie mit mir aber nicht klarkamen. Das passiert mir heute auch noch ständig. Mindestens einmal pro Tag sagt mir jemand, dass ich anstrengend bin oder wirft mir einen komischen Blick zu. Aber das, was sich da meldet, das ist meine ureigenste Superkraft. Was dich von anderen unterscheidet, macht deine Einzigartigkeit aus. Du kannst es nicht verleugnen oder verbiegen, auch wenn es anderen nicht gefällt, weil es sie auffordert, sich damit zu beschäftigen. Je mehr ich mich anzupassen versuchte, umso unglücklicher wurde ich. Erst als ich den Mut hatte, in meinem Inneren gründlich Inventur zu machen und mich von allen Normen, Schablonen und Idealvorstellungen zu verabschieden, fand ich heraus, dass ich nur in der Suche nach der besten Version von mir selbst Erfolge erziele. So ziehe ich die Menschen an, mit denen ich etwas teile und schütze mich davor, abgelehnt zu werden, nur weil ich mich nicht anpasse. Ich glaube nicht, alles zu wissen, sondern bin bereit, alle Pläne jederzeit über den Haufen zu werfen, wenn sie nicht dafür sorgen, dass mein Selbst von morgen ein klitzekleines bisschen besser ist als gestern. Klingt anstrengend? Ist es auch. Vor allem für die, die noch nicht in der Selbstakzeptanz angekommen sind. Wenn andere dich ablehnen, dir sogar vielleicht durch Mobbing die Lebensfreude nehmen, dann erkenne darin die bloße Auskunft über die eigene Entwicklungsstufe. Leugne nicht, dass dich ihr Verhalten verletzt, aber versuche auch nicht, sie von dir zu überzeugen. Nicht du bist falsch, sondern dein Umfeld. Habe den Mut, es zu verlassen, und du wirst sehen, dass es viel weniger Kraft kostet, als ständig um Anpassung zu ringen. Stattdessen erfährst du ganz neue Gestaltungsmöglichkeiten

Je mehr ich mich anzupassen versuchte, umso unglücklicher wurde ich.

und schaffst sogar Raum für andere, sich selbst zu verwirklichen. Ich entwerfe mich jeden Tag neu und genau drin liegt meine Kontinuität. Jeden Tag das Gleiche zu tun, würde mich zutiefst frustrieren und immer handlungsunfähiger machen. In jedem neuen Tag eine Herausforderung zu sehen und mich selbst zu entdecken, ist so spannend, dass ich als Coach und Trainerin ständig über mich hinauswachse.

Wenn mir vor zehn Jahren jemand gesagt hätte, dass ich mal ein Buch über Selbstverwirklichung schreibe, dann hätte ich laut gelacht. »Ich habe nun wirklich kein Patentrezept für das Leben, ich weiß ja nicht einmal, wo ich heute Abend sein werde«, hätte ich vermutlich hinzugefügt und meinen Kopf geschüttelt. Heute weiß ich, dass genau das mein Patentrezept ist. Mein Motto lautet: »Ich weiß zwar nicht, was gleich passiert, aber ich freue mich darauf.« Ich gehe immer geradewegs auf die Veränderung zu, weil ich weiß, dass in ihr die Magie am Werk ist. Ich stelle so lange Fragen, bis ich alles verstanden habe und probiere sofort aus, wo ich das Neue noch einsetzen könnte, auch da, wo auf den ersten Blick kein Zusammenhang existiert. Wenn sich bei mir ein Impuls regt, dann folge ich ihm voller Neugier, wohin er mich führt. Für mich fühlt sich jeder neue Tag ein wenig so an, als sei ich Alice im Wunderland. Ich habe keine Ahnung, was und wer mir begegnet, aber ich vertraue darauf, etwas Einzigartiges zu erfahren und räume jeder Sekunde die Möglichkeit ein, mir ein ganz und gar unerwartetes Wunder zu offenbaren. Und weißt du was? Wunder passieren mir seither ständig.

> Wenn sich bei mir ein Impuls regt, dann folge ich ihm voller Neugier, wohin er mich führt.

Schreibe dir nicht vor, wer du sein darfst

Stell dir mal vor, du müsstest jeden Tag morgens genau festlegen, was du heute erfahren und einsetzen wirst und im Anschluss vor allem die Augen verschließen, was dir heute Morgen noch nicht in den Sinn kam. Dein Leben würde zum Stillstand kommen, weil nichts Neues mehr geschehen kann und weil du dich selbst daran hinderst, dich immer wieder neu zu erschaffen. Auf dem Highway deines Lebens gibt es weder ein Speedlimit noch Landkarten, nur ein Ziel und den Weg dorthin. Du kannst ihn nur finden, indem du ihm folgst. Wenn du ihn auf dem Reißbrett vorzeichnest, landest du in einer Sackgasse oder drehst dich im Kreis. In etwa so ist es, wenn du in deinem Kopf Aussagen, die andere oder du selbst irgendwann einmal über dich und dein Leben getroffen haben, zu absoluten Regeln erhoben hast. »Ich stehe einfach nicht gerne im Mittelpunkt« oder »Mir ist Anerkennung nicht so wichtig« sind solche Glaubenssätze. Ganz gleich, wie positiv wir sie formulieren, sie bleiben immer Limitierungen für die unerschöpflichen Möglichkeiten, uns neu zu erfinden. Sie mögen in der Vergangenheit einmal Geltung gehabt haben, aber weder in der Gegenwart noch in der Zukunft sind sie noch von Bedeutung. Du kannst sein, wer immer du sein möchtest und Regeln sind im Zweifel dazu da, irgendwann gebrochen zu werden, und dann sind es keine Regeln mehr, sondern nur noch eine Aussage unter vielen. Manchmal haben uns andere, Eltern oder Lehrer, solche Glaubenssätze eingepflanzt. Wir haben sie übernommen, weil wir sie als richtig empfanden und nicht hinterfragten. Doch inzwischen entscheiden wir selbst über unser Leben und

> Auf dem Highway deines Lebens gibt es weder ein Speedlimit noch Landkarten, nur ein Ziel und den Weg dorthin.

werden durch die alten Glaubenssätze an unserer Entfaltung gehindert. Auch wenn du beim Lesen denkst, du hast keine Glaubenssätze – jeder hat sie. Wenn wir sie uns nicht bewusst machen, dann wirken sie in unserem Leben und beeinflussen, was wir erleben. Denn was wir denken, ist was wir erleben. Wenn du unbewusst ständig denkst, du verdienst es nicht, geliebt zu werden, weil dir das jemand eingeredet hat, dann wirst du immer nach der Liebe suchen, ohne sie je zu erfahren.

Das Skript für deine Realität

Es ist paradox. Unsere Realität soll durch unsere Gedanken bestimmt werden? Unmöglich, wir können ja nicht zaubern. Die Wahrheit ist: Doch, das können wir. Nur ein kleiner Teil unserer Entscheidungen wird durch unser Bewusstsein gefällt, viele andere durch unbewusste Einflüsse wie Glaubenssätze und frühere Erfahrungen. Das bedeutet, auf was wir wie reagieren, wird nicht durch das bestimmt, was wir bewusst denken, sondern was unsere Gefühle uns sagen und damit die Botschaft unseres Unterbewusstseins transportieren. Wenn wir uns also von etwas angezogen fühlen, dann wird das durch unser Gefühl entschieden. Doch das Gefühl analysiert nicht den tatsächlichen Moment, sondern spricht für unsere Erfahrungen. Wenn wir häufig erlebt haben, dass wir enttäuscht werden, dann werden wir ständig fürchten, dass man uns enttäuscht und nach entsprechenden Hinweisen und Signalen suchen. Vielleicht brechen wir sogar einen Streit vom Zaun oder sabotieren etwas, nur um einen

Beweis dafür zu finden, dass wir enttäuscht werden. Wenn wir ihn dann finden, dann bestätigen wir damit erneut das Gefühl und werden beim nächsten Mal noch misstrauischer sein. Ein Teufelskreis! Aber dahinter verbirgt sich auch eine tiefe Wahrheit: Wenn wir stattdessen bewusst unsere Aufmerksamkeit auf die Dinge lenken, die wir uns wünschen, dann werden sie sich erfüllen. Wir nehmen dann wahr, wo sich eine Möglichkeit zu ihrer Erfüllung bietet und schaffen die Voraussetzungen dafür.

DAS DREHBUCH
FÜR DEIN LEBEN LIEGT
IN DEINEM
UNTERBEWUSSTSEIN.

Greif zum Stift und schreib dir ein Happy End hinein und du wirst sehen: Es wird geschehen!

Don't fuck with your mind

Unbewusste Überzeugungen, also Regeln, die wir aus unserem Leben ableiten, sind wie schwarze Magie: Sie verwandeln selbst das größte Glück in einen Haufen Asche. »Mindfuck«[11] ist ein guter Begriff dafür. Klingt zu hart? Keineswegs! Stell dir folgende Situation vor: Du bewirbst dich bei einem Unternehmen. Die Position ist wie gemacht für dich und auch die Firma gefällt dir richtig gut. In der Vergangenheit hast du aber die Erfahrung gemacht, dass sich deine größte Hoffnung nie erfüllt. Der Kummer darüber hat dich immer wieder sehr getroffen und irgendwann hast du entschieden, dass du das nicht mehr willst. *»Ich sollte nicht immer so naiv sein«*, hast du dir möglicherweise gedacht. *»Am besten glaube ich nicht mehr daran, dass es funktioniert, dann bin ich auch nicht enttäuscht, wenn es nicht klappt.«*

Böser Fehler! Damit hast du dir selbst einen mächtigen Bannspruch auferlegt. Die Hoffnung hast du nämlich immer noch, du hast nun nur verändert, wie du mit ihr umgehst. Wann immer du ab jetzt dem Glück zum Greifen nahe bist, greift dein Schutzmechanismus und bereitet dich auf die mögliche Enttäuschung vor. *»Das kann ja gar nicht klappen«*, sagst du dann. Einige gehen sogar noch weiter und beschreiben genau, was in der Folge geschehen wird: »Bestimmt finden Sie einen anderen Bewerber, der weniger kostet und besser in das Unternehmen passt. Man weiß ja genau, wie solche Firmen sind, die achten auf das Geld und wollen am liebsten jemanden von der Uni. Ich kann mich da zwar bewerben, aber vermutlich werden sie mich gar nicht erst einladen. So ist es ja immer.« Hokus Pokus, und was du wünschst, wird wahr. Du wirst die Stelle nicht bekommen. Deine Enttäuschung kannst du jetzt zwar einfacher herunterschlucken, aber deine Hoffnung bleibt unerfüllt und du wirst immer unzufriedener. Lass den Mindfuck sein! Wenn du merkst, dass er losgeht, widersprich dir selbst. *»Ja, ja, das war doch klar, dass es regnet, wenn ich einmal auf ein Straßenfest gehe«,* ist auch so ein Satz. Natürlich hast du trotzdem keinen Regenschirm oder eine Kapuze mitgenommen. Stattdessen verdirbst du dir lieber den Augenblick. Denk doch lieber: *»Herrlich, so ein unerwarteter Nachmittag vor dem Fernseher.«*

Lass den Mindfuck sein!

Du kannst nicht nicht entscheiden

Wenn man sich vor Augen hält, was so alles bei einer Entscheidung schief gehen kann, möchte man sich am liebsten gar nicht mehr entscheiden. Dann kann man auch nichts falsch machen, oder? Von wegen! Du kannst dich nicht vor der Entscheidung drücken. Wenn du dich nicht bewusst für oder gegen etwas entscheidest, dann entscheiden andere für dich. Ein gutes Beispiel: Eine Freundin hat mit ihrem Partner ein Café eröffnet. Als er sich von ihr trennte, wollte sie den gemeinsamen Traum nicht aufgeben. Doch in Wahrheit machte er ihr schon lange keinen Spaß mehr. In der Folge blieben irgendwann die Gäste aus, es fehlte Personal, andere Probleme kamen hinzu. Anstatt jetzt zu handeln und den Mut zu haben, auf etwas Neues zuzugehen, machte sie trotzdem immer weiter, bis irgendwann nur noch die Insolvenz blieb. Sie hatte sich geweigert, eine Entscheidung zu treffen und wurde entschieden. Das passiert ständig, überall!

Wenn du dich nicht bewusst für oder gegen etwas entscheidest, dann entscheiden andere für dich.

Möglich wird es, weil wir in unserem Wandschrank von Gefühlen nicht ausmisten. Wir schleppen alle Gefühle mit uns herum, die wir so gesammelt haben und wissen am Ende nicht mehr, welches zu uns passt. Das macht uns handlungsunfähig und wenn wir nicht handeln, dann handelt jemand anderes für uns. Im Zweifel müssen wir dann mit der Entscheidung leben, die andere für uns getroffen haben. Also, Ärmel hochkrempeln und los geht es:

WIR ENTRÜMPELN JETZT DEN KELLER DEINER GEFÜHLE.

Was für den einen richtig ist ...

Die Erfahrungen anderer helfen uns. Wir können uns bei ihnen Rat einholen, wenn wir nicht weiterwissen. Aber sie können uns die Entscheidung nicht abnehmen, denn anders als wir kennen sie nicht alle Aspekte einer Entscheidung. Was richtig und was falsch ist, das ist nicht objektiv, sondern von Mensch zu Mensch unterschiedlich. Und das ist auch gut so! Sonst wäre es ja furchtbar langweilig! Deshalb ist es so wichtig, dass du zu dir selbst stehst und an dich glaubst. Grenze dich ab von allem, das von dir verlangt, dich zu verändern und deine Persönlichkeit zu unterdrücken. Es wird dich ohnehin nie glücklich machen. Natürlich müssen wir alle uns anpassen und von Zeit zu Zeit auch mal eine Kröte schlucken. Aber wenn jemand dich ablehnt, dann musst du ihn nicht überzeugen und versuchen, dich anzupassen. Steh stattdessen zu dir selbst! Zu deinen Schwächen ebenso wie zu deinen Talenten und erkenne, wann du es nicht mit Kritik, sondern mit Mobbing zu tun hast. Kleiner Tipp: Kritik zielt immer auf eine klar umgrenzte Sache ab, erkennt aber auch positive Aspekte an. *»Du machst lauter Rechtschreibfehler, dafür hast du viel Fantasie«* etwa ist eine Kritik. Mobbing hingegen zeichnet sich durch absolute Urteile und Verurteilungen aus und richtet sich nicht gegen das Verhalten oder die Leistung einer Person, sondern gegen den ganzen Menschen. Nicht, was er tut ist falsch, sondern er selbst ist falsch und das muss mit jedem beliebigen Mittel unter Beweis gestellt werden. Wenn du merkst, dass sich jemand so auf dich, deine Entscheidungen oder deine Arbeit bezieht, dann grenze dich ab. Du musst nicht richtig für jemanden sein. Du bist gut so, wie du bist! Sag dir das, so oft du kannst!

> Du musst nicht richtig für jemanden sein. Du bist gut so, wie du bist!

Drei sichere Rezepte gegen Mindfuck

Damit du unbefangen auf neue Situationen zugehen und die Enttäuschungen der Vergangenheit hinter dir lassen kannst, musst du alles loslassen, was da in deinem Unterbewusstsein vor sich hinwirkt: alte Verletzungen, Glaubenssätze, den Mindfuck. Tatsächlich macht das den meisten Menschen große Angst. Sie halten lieber an Dingen fest, die sie nicht glücklich machen, als das Vertraute loszulassen und Platz für das Neue zu schaffen. Aber so gibt es eben auch keinen Raum für das Glück. Wir können ihm begegnen und es doch nicht annehmen, weil wir zu viel anderes tragen.

Versinnbildlicht:
Die Sache mit dem Wasserglas

Stell dir vor, du nimmst ein Glas Wasser in die eine Hand und jetzt einen Stift in die andere. Vor dir liegt ein leckeres Plätzchen, auf das du richtig Lust hast. Kannst du jetzt noch danach greifen? Nein, du musst zuerst etwas loslassen! Aber wie macht man das? Vor allem, wenn es sich um etwas handelt, das man nicht wirklich anfassen kann, sondern nur erfühlt. Im Folgenden lernst du drei einfache, aber erfolgreiche Methoden kennen, um das Loslassen zu lernen und dich vom Ballast zu befreien, der dich am Boden hält, wenn du doch eigentlich Richtung Sonne fliegen möchtest.

1. Im Einklang mit dir und der Welt

Methode Selbstmitgefühl

Die Idee des Selbstmitgefühls wurde von der amerikanischen Psychologin Kristin Neff[12] entwickelt und ich finde es großartig. In einer Studie[13] konnte gezeigt werden, dass es ein erfolgreiches Tool für ein stabiles Selbstwertgefühl ist und uns mutiger macht, auf neue Erfahrungen zuzugehen. Schlechte Erfahrungen werden besser verarbeitet und sogar Depressionen können gelindert werden durch die Methode Selbstmitgefühl. Es wirkt wie ein Gegenmittel gegen Grübeln, negative Glaubenssätze und Mindfuck und es hilft hervorragend gegen schlechte Laune.

Selbstmitgefühl besteht aus drei Komponenten

1. Ein liebevoller Umgang mit dir selbst (self-kindness)

Behandele dich selbst so, wie es ein guter Freund tun würde. Sei gut zu dir, damit du gut zu anderen sein kannst.

2. Mitgefühl mit anderen Menschen (common humanity)

Mitgefühl oder Mitleid? Bei Mitleid bleibt man rein auf sich fixiert und fühlt sich schwach und abgegrenzt. Bei Mitgefühl verbindet man sich mit anderen und hat die Möglichkeit, sich stärker und verbundener zu fühlen.

3. Achtsamkeit (mindfulness)

Bewusstsein für alles, was eine Situation beeinflusst. Es entsteht die Möglichkeit, jeden schönen Moment zu genießen und mit ihm zu wachsen.

2. Schreib es raus!

Methode expressives Schreiben

Wir schreiben immer weniger. Dank Handy und Co. schreiben wir nur noch selten mit der Hand und wenn, dann kurze Nachrichten oder Texte, aber keine Briefe mehr oder gar ein Tagebuch. Das ist schade! Denn da steckt eine Menge drin. Die Methode des expressiven Schreibens wurde von dem amerikanischen Psychologen James Pennebaker[14] entwickelt. Er stellte fest, dass sie sehr zuverlässig dabei hilft, emotionale Verletzungen und sogar Traumata zu überwinden. Die verblüffenden Effekte zeigen sich sowohl kurzfristig als auch über einen längeren Zeitraum: Wer sich drei bis fünf Tage lang jeden Tag etwa eine halbe Stunde lang Zeit für das expressive Schreiben nahm, senkte seinen Blutdruck, hatte eine höhere Immunabwehr und ging seltener zum Arzt. Auf die Psyche hat das therapeutische Schreiben sogar einen noch viel größeren Einfluss: mehr Widerstandskraft gegen psychische Belastungen, mehr Selbstwertgefühl, mehr Zufriedenheit, weniger depressive Symptome. Expressives Schreiben hilft uns sowohl dabei, Vergangenes zu bewältigen, als auch ganz allgemein die Widerstandsfähigkeit unserer Seele zu stärken. Nimm dir fünf

YEAH

Tage lang jeden Tag zehn Minuten Zeit. Denke dann an ein Ereignis, das für dich negativ besetzt ist, mit Traurigkeit, Scham oder Angst. Fange dann an zu schreiben, ohne auf Satzbau oder Rechtschreibung zu achten, einfach alles, was dir dazu einfällt, ohne darüber nachzudenken. Wenn du damit fertig bist, wirst du zunächst wahrnehmen, dass in dir einiges aufgewühlt wurde. Doch nach etwa zwei Stunden stellt sich ein Gefühl von Frieden ein, das du empfindest. Du erkennst noch an, weshalb dich das Ereignis belastet hat, doch du hast alle mit ihm verbundenen Gefühle aus dir herausgeschrieben.

3. Lass dein Gefühl entscheiden

Die Marie Kondo Methode

Magst du Aufräumen auch so wenig wie ich? Lästig! Dafür habe ich keine Zeit. Lieber mache ich etwas, das mir Spaß macht. Aber, Pustekuchen! Irgendwann ist das Chaos nicht mehr kreativ, sondern nur noch hinderlich. Zeit, Sachen zu sortieren und auszumisten. Gerade mit Letzterem haben viele Menschen Probleme. Sie können sich von nichts trennen, sind aber auch nicht zufrieden mit dem, was sie haben. Sie fühlen sich ständig unwohl in ihren Kleidern, aber neue kaufen sie sich auch nicht und wenn, können sie sie mit nichts kombinieren. Überall stehen Sachen herum, die halbfertig sind oder irgendwann mal angegangen werden sollten und irgendwann fühlt man sich nicht mehr wohl.

Marie Kondo hat das Aufräumen zur Methode gemacht. Für die Japanerin mit der eigenen Netflix Show gibt es nichts Schöneres als Unordnung. Sie stürzt sich mitten hinein und zeigt, wie es ganz einfach geht. Nimm jedes Teil in die Hand und fühle, was es mit dir macht. Fühlt es sich gut an? Hast du Lust, es anzuziehen, sauber zu machen, aufzustellen oder es ordentlich wegzuräumen? Oder weißt du nicht so recht, weshalb es da ist und eigentlich gefällt es dir nicht richtig? Dann weg damit. So ist es auch mit anderen Dingen. Vielleicht hat es dir vor einem halben Jahr richtig Spaß gemacht, in das Fitnessstudio zu gehen. Doch seit einer Weile gehst du nur noch hin, weil du dich dazu verpflichtet fühlst und erfindest immer öfter Ausreden, um es nicht zu tun. Du denkst nicht gerne daran und du freust dich nicht mehr darauf, aber du möchtest nicht als faul dastehen. Lass es los! Offenbar brauchst du gerade etwas anderes. Eine neue Lieblingsserie vielleicht oder ein neues Hobby.

GIB DIR DAS, WONACH DU
DICH SEHNST UND FESSELE
DICH NICHT MIT DINGEN,
DIE DICH NICHT GLÜCKLICH
MACHEN UND ENERGIE KOSTEN.

Das sagt die Wissenschaft:
Spazierengehen macht glücklich

Bewegung ist der Schlüssel zum Glück. Dazu braucht es kein intensives und schweißtreibendes Fitnessprogramm, sondern ein täglicher Spaziergang von einer halben Stunde hat die Kraft, dich gesund und glücklich zu machen. Die Wissenschaft zeigt: Spazierengehen senkt das Krebsrisiko, verringert Herz-Kreislauf-Erkrankungen, hilft gegen Depressionen, Schlafstörungen und Angsterkrankungen. Wenn du dazu noch in den Wald gehst, dann regen die Botenstoffe der Bäume dein Immunsystem zusätzlich an. Außerdem hat das Gehen eine meditative Wirkung – nach einer Weile verschwinden deine Sorgen und Probleme und machen den Weg frei für neue Gedanken und frische Lösungen. Spazierengehen ist ein echtes Allheilmittel! Eine internationale Studie zeigte, dass Spazierengehen IMMER die Stimmung hebt, selbst wenn wir es nicht erwarten.[15] Schon ein regelmäßiger Spaziergang in der Mittagspause kann auf lange Sicht dein Leben verändern.

> Spazieren gehen ist ein echtes Allheilmittel!

ToDo

LAUTER SCHRITTE ZUM GLÜCK!

Spazierengehen hört sich irgendwie nach Langeweile an und nach etwas, das nur alte Menschen tun. Dabei ist Spazierengehen eine Kunst und mehr, als nur von einem Ort zum anderen zu laufen.

Ein »Pleasure Walk« ist nur dazu da, dich glücklicher zu machen. Es geht nicht darum, irgendwohin zu gehen, sondern einfach etwa eine halbe Stunde lang gemächlich zu laufen. Dabei richtet man seine Aufmerksamkeit auf die schönen Dinge, die man dabei erfährt: Der warme Sonnenschein oder das Zwitschern der Vögel, der Geruch von einem leckeren Mittagessen oder Musik, die aus einem Fenster kommt.

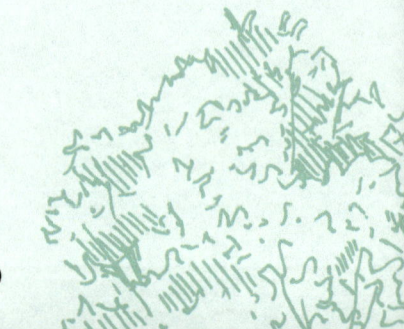

Die Bewegung löst unseren Körper und reißt uns aus unseren ständigen Gedanken rein in das Hier und Jetzt und die Kostbarkeit des Augenblicks.

Statt immer nur zu handeln, lassen wir die Seele baumeln und ist der einfachste Weg, einen unverstellten Zugang zu unseren Gefühlen zu bekommen. Funktioniert garantiert, sogar bei Regen und Schnee!

Um alles loszulassen, was nicht zu dir gehört und dich von negativen Gefühlen zu befreien, musst du nicht mehr tun, als gehen. Langsam, oder schnell, das spielt keine Rolle. Weil du dich bewegst, bewegt sich auch in dir etwas. Lenke deinen Fokus ganz bewusst auf das Außen, mach die Augen und die Ohren weit auf, auch und vor allem für die Dinge, an denen andere vorübereilen. Nimm wahr, wie die Blätter im Wind tanzen oder dass die Bäckerei ein neues Schaufenster hat.

20 Minuten genügen – mach das eine Woche lang, egal, ob du dazu Lust hast oder nicht.

Achte, in welchem Gefühl du losgehst und mit welchem du zu Hause ankommst. Du wirst erkennen, dass das Gefühl beim Ankommen viel klarer und eindeutiger zu dir gehört und zu deiner aktuellen Situation passt, als das, mit dem du losgelaufen bist.

AUSSEN

Handeln

Nimm es an!
#bebrave

Wach auf!
#becurious

Lass es los!
#bedifferent

**Mach das
Glück zur
Gewohnheit!**
#behappy

Bleib dran!
#beconsistent

Pack es an!
#beready

Denken

**Entfessele
deine Power!**
#bewild

**Denke dich
glücklich!**
#bepositive

**Schmiede
einen Plan!**
#besmart

Sei dankbar!
#bewow

**Schau in
deine Zukunft!**
#beyou

**Fühle
deine Stärke!**
#beproud

Sei dankbar!
#bewow

4

Empfinde
Dankbarkeit
für alles, was dich
ausmacht und die
Möglichkeiten,
die dir
offenstehen

MINDSET

Today I am thankful

Sei dankbar!
#bewow

Was für ein Gefühl! Spürst du es? Die Erleichterung, die einsetzt, wenn wir uns von allem trennen, was unser Potenzial daran hindert, sich zu entfalten? Ohne all die Dinge, die uns eingrenzen und mit dem klaren »Ja« zu uns selbst, sind da auf einmal wieder neue Möglichkeiten. Am liebsten möchtest du gleich loslegen und dich in ein Abenteuer stürzen? Das kann ich gut verstehen!

Doch nach dem Loslassen sind wir zwar ohne Ballast, aber auch ziemlich verletzlich. Unsere alten Schutzmechanismen haben wir ja gleich mit auf den Müll gegeben, die neuen haben wir noch nicht erfolgreich getestet. Und obwohl wir jetzt alles richtig machen, kann trotzdem etwas schief gehen. Um dann nicht in eine Krise zu geraten, brauchen wir so etwas wie den Zaubertrank bei Asterix und Obelix, der uns besondere Kräfte gibt und unverwundbar macht. Leider kann man den nirgendwo kaufen, sondern muss ihn sich erfühlen. Seine Mixtur ist ziemlich einfach, doch sie erfordert ein wenig Anstrengung. Heute geht es nur noch selten um Dankbarkeit. Kindern sind Eltern nicht mehr dankbar und Freunde nicht mehr für die Freundschaft. Ist doch selbstverständlich, oder?

Mach dir selbst das Geschenk der Dankbarkeit!

Wenn etwas selbstverständlich ist, dann berauben wir uns der Großartigkeit des Geschenks, das dahintersteht. Familie und Freundschaft sind die größten Kraftquellen, die es gibt. Es tut gut, sie mit Dankbarkeit zu belohnen und sie nicht leichtfertig zu riskieren. Dankbarkeit macht uns zufrieden, sie lässt uns Rückschläge besser wegstecken und motiviert uns, weiterzumachen. Kurz gesagt: Die Enttäuschung hat einfach keine Chance. Genau das brauchen wir!

Dankbarkeit ist wie ein Muskel – du kannst sie trainieren!

Ich habe mich auch lange nicht mit Dankbarkeit aufgehalten. Immerhin bin ich ja ständig unterwegs zu neuen Abenteuern. Um dankbar zu sein, muss man aber innehalten und sich bewusst vor Augen führen, wofür man dankbar ist. Für mich war das erst einmal ungewohnt. Doch seither bin ich für viele Dinge dankbar. Den leckeren Kaffee am Morgen, den ich trinke, wenn ich in den Tag starte oder das schöne Parfum, das ich mir vor kurzem gekauft habe. Ich bin dankbar für meine Freunde und meine Gesundheit. Sofort sind meine Superkräfte aufgeladen und mich haut so schnell nichts mehr um. Kritik kann ich annehmen, sogar geschäftliche Termine, in denen es nicht so läuft, wie ich es mir gewünscht habe. *»Macht nichts«*, denke ich mir und gehe weiter. Seit ich erfahren habe, wie wunderbar das wirkt, um mich nicht runterziehen zu lassen, spiele ich hin und wieder gute Fee und mache andere Menschen mit einem Kompliment auf etwas aufmerksam, was sie besonders macht. Eine schöne Dekoration etwa in einem Geschäft oder ein paar hübsche Ohrringe zum Beispiel. Ich freue mich, wenn ich sehe, wie sie das glücklich macht. Es ist nur eine winzige Kleinigkeit, doch sie gibt einen positiven Impuls und lässt uns dankbar sein. Probiere es aus, du wirst sehen, wie auf einmal alle um dich herum zu strahlen beginnen.

> Ich bin dankbar für meine Freunde und meine Gesundheit.

Bestandsaufnahme deines Dankbarkeitspotenzials

Weißt du im ersten Moment gar nicht so genau, wofür du dankbar bist? Dann mache eine Liste mit allen Dingen, die dir gute Energie geben, so unbedeutend sie auch sein mögen. Du kannst dankbar sein für den Nachbarn, der immer deine Pakete annimmt oder die Kollegin, die immer Kuchen mitbringt. Sei dankbar für das, was du im Leben hast, deine Wohnung, deinen Kleiderschrank, deinen Job, deine Freunde, deinen Partner, deine Hobbys. Führe dir alles vor Augen, wofür du dankbar sein kannst, die Gesundheit deiner Familie zum Beispiel oder deine Katze. Du wirst sehen, dass die Liste viel länger wird, als du am Anfang erwartet hast. Bitte schön, hier hast du einen Zaubertrank! Und keine Sorge, davon kann man nie zu viel trinken, sogar wenn man hineinfällt!

Das Gesetz der Anziehung: THE SECRET

Dankbar zu sein hat noch einen anderen Effekt, außer uns zu stärken. Es ist der erste Schritt, um die richtige Message an das Universum zu senden. Das Universum ist die Adresse, an die du alle deine Wünsche, Ziele und Hoffnungen richten musst, damit sie in Erfüllung gehen. Zu viel Esoterik? Aber nein, ganz einfach das Gesetz der Anziehung! Im Buch THE SECRET[16] wird beschrieben, dass du beim Universum regelrecht Bestellungen aufgeben kannst. Das ist ja fast zu schön, um wahr zu sein! Ich liebe nämlich Shopping, auch abends von der Couch aus. Seit ich das Buch gelesen habe, bestelle ich nicht mehr nur Schuhe, sondern lauter Sachen, die ich mir wünsche. Ich formuliere den Wunsch in meinem Kopf und stelle mir ganz genau vor, wie er in Erfüllung geht und was dazu notwendig ist. Wenn es ganz besonders wichtig ist, dann stelle ich noch etwas in unmittelbare Sichtweite meines Bettes oder meines Schreibtischs, was den Wunsch verkörpert. Damit ist die Bestellung abgeschickt, jetzt nur noch auf die Lieferung warten. Achte auf dein Gefühl bei der Bestellung – wenn deine Emotion nicht zur Bestellung passt, verfälscht es das Ergebnis! Es ist also enorm wichtig, das richtige, gute Gefühl mit deinem Wunsch zu verbinden. Das Gesetz der Anziehung sagt, dass wir das anziehen, was wir aussenden. Wenn wir feindlich und misstrauisch auf die Welt zugehen, wenn wir uns nichts zutrauen und ständig mit Enttäuschungen rechnen, dann ist das unsere Bestellung und das bekommen wir im Ergebnis auch geliefert. Wenn wir aber freundlich und offen sind und anderen mit Respekt und Höflichkeit begegnen, ihre Arbeit wertschätzen und achtsam mit unseren

Es ist verblüffend, wie zuverlässig das Gesetz der Anziehung funktioniert!

Mitmenschen sind, dann werden wir auf einmal lauter Leute und Situationen erleben, in denen das uns entgegengebracht wird. Es ist verblüffend, wie zuverlässig das Gesetz der Anziehung funktioniert!

Zuhören macht glücklich

Richtig zuhören, ist schwer. Es geht dabei ja nicht nur um das Zuhören, sondern auch um die Antworten, die man gibt. Ob Freunde oder Partner, jeden Tag erzählen Menschen uns Dinge, die sie erlebt haben oder mit denen sie sich beschäftigen. Das ist großartig, denn sie zeigen damit, dass sie uns vertrauen und gerne mit uns etwas teilen, was für sie von Bedeutung ist. Auch wenn wir nicht immer Zeit und Lust dazu haben, sollten wir uns unbedingt die Zeit nehmen und bewusst damit umgehen. Unbewusst senden wir nämlich ansonsten Signale, die unser Gegenüber verletzen und schlimmstenfalls dazu führen, dass man uns nicht mehr so gerne etwas erzählt.

Active Constructive Responding – die Wunderwirkung positiver Kommunikation

Die Methode des Active Constructive Responding wurde von der Hirnforscherin Barbara Gable[17] entwickelt und gehört zu den Methoden positiver Psychologie. Sie analysierte vier Achsen, auf denen sich unsere Kommunikation bewegt. Wir können aktiv und passiv zuhören und antworten und uns dabei destruktiv oder konstruktiv verhalten.

Passiv dekonstruktiv ist es, wenn wir den anderen ignorieren, uns abwenden oder Blickkontakt vermeiden, vielleicht sogar nebenbei etwas anderes machen oder genervt unterbrechen.

Aktiv dekonstruktiv ist es, wenn wir die Erfahrung des anderen kleinreden oder ihm ein negatives Feedback geben. »*Das war doch klar, dass das passiert*« oder »*Wie kann man nur so dumm sein?*«

Passiv konstruktiv ist es, wenn wir dem anderen zwar zuhören, aber danach keine Rückmeldung geben oder eine, die reserviert bleibt. »*Schön für dich*«, ist so eine Bemerkung oder »*Da hast du aber noch einmal Glück gehabt.*«

So ein richtig gutes Gefühl hinterlässt der Austausch dann aber nicht. Der beste Weg, um für uns und andere einen guten Austausch zu etablieren ist das **aktiv konstruktive** Antworten. Wir wenden uns dem anderen zu und erkennen an, was ihm an der Situation oder dem Thema wichtig ist.

»*Das klingt nach einem riesigen Erfolg! Wollen wir den feiern?*« Oder »*Wow, das ist ja der absolute Wahnsinn!*« (Das wäre meine Reaktion)[18]. Wenn wir das tun, teilen wir das Gefühl des anderen und das ist ein wunderbares Erlebnis. Ich liebe es, wenn Menschen mir etwas erzählen. Dann weiß ich, dass sie mir ein Stück von sich und von ihrem Blick auf die Welt zeigen und dass sie mich so gernhaben, dass sie das mit mir teilen möchten. Was für ein schönes Geschenk!

Tue Gutes und sag es keinem: Der Act of Kindness

Etwas Gutes tun und es keinen wissen lassen? Das ist doch absurd, oder? Am besten postet man es überall in den Social Medias, wenn man sich für eine Sache engagiert, sonst ist es ja nur halb so schön. Verständlich! Aber Vorsicht: Wenn du auf deine guten Taten aufmerksam machst, dann sind sie nicht mehr ganz so gut, sondern dienen deinem Image. Sie sind Marketing für dich – und zwar besonders gutes!

Aber beim »Random Act of Kindness«[19], oder besser der »Zufälligen Tat der Freundlichkeit«, geht es um etwas anderes. Die Autorin Anne Herbert formulierte den Begriff in einem Buch, um ihn zufälligen und sinnlosen Angriffen und Gewalttaten im Miteinander entgegenzustellen. Wir kennen das alle: Hin und wieder versaut uns jemand einfach so den Tag, einfach, weil er wegen etwas ganz anderem schlechte Laune hat. Das kann wie ein Stein sein, den man in das Wasser wirft. Wir schlucken die Situation, sind aber jetzt frustriert. Wenn der Fahrer vor uns an der nächsten Ampel aus Versehen nicht sofort losfährt, sobald es grün wird, warten wir nicht kurz, sondern hupen wie wild und gestikulieren, um unserem Ärger Luft zu machen. Der Fahrer wiederum ist so empört über uns, dass er jetzt dem nächsten Fahrer vor ihm viel zu dicht auffährt, weil er findet, dass dieser schleicht. Es wird erkennbar, was aus den Kreisen wird, die der Stein ausgelöst hat. Was aber, wenn wir die Wirkung einfach umkehren? Wir machen zufällige Taten der Freundlichkeit, mit denen niemand rechnet und für die wir keine Anerkennung bekommen. Etwa heben wir im Supermarkt etwas auf, das ein anderer heruntergeworfen hat, damit sich die Mitarbeiter nicht danach bücken müssen. Oder wir stellen unserem Nachbarn die Mülltonne raus, wenn er es vergessen hat. Vielleicht stecken wir auch jemandem eine Blume an den Scheibenwischer oder kleben einen Sticker irgendwohin, der für ein Lächeln sorgt. Die Möglichkeiten des »Random Act of Kindness« sind unbegrenzt und inzwischen ein richtiger Hype weltweit. Es gibt viele Websites, die Tipps geben und dabei sehr fantasievoll sind.[20] Du wirst staunen, wie viel Spaß das macht! Und du bekommst sofort eine Belohnung: Forscher konnten nachweisen, dass das Level deiner Glückshormone im Blut steigt, sobald du eine zufällige gute Tat begehst.[21] Glück kann so einfach sein!

Das sagt die Wissenschaft:
Dankbarkeit ist wie ein Schutzschild für uns

Dankbar zu sein für das, was man hat, stärkt unsere Seele so dermaßen, dass sie sogar schwere Belastungen ertragen und verarbeiten kann. Der Mediziner Aaron Antonovsky[22] entwickelte das Modell der Salutogenese, um zu verstehen, wie Gesundheit erhalten werden kann, statt immer nur über Krankheiten zu reden. Einige Menschen waren widerstandsfähiger gegenüber Krisen als andere. Dafür prägte er den Begriff der »Resilienz«. Wenn wir unser Leben als sinnvoll, machbar und stimmig empfinden, dann sind wir leistungsfähiger und gehen auch mit Rückschlägen viel besser um. Dankbarkeit zu empfinden und Freundlichkeit auszusenden verstärkt die Sinnhaftigkeit unseres Lebens und unser Gefühl der Verbundenheit mit anderen[23]. Wir sind in unserer Mitte und schaffen automatisch die für uns besten Bedingungen, ohne anderen zu schaden. Beste Erfolgsaussichten für alles, was dir am Herzen liegt!

Versinnbildlicht:
Der Schmetterlingseffekt

Vom »Butterfly Effect« hat vermutlich jeder schon einmal gehört. Das Flügelschlagen eines Schmetterlings soll eine Kette von Reaktionen auslösen, an deren Ende irgendwo ein Tornado wütet. Dieses Thema wurde in Film und Literatur schon oft bearbeitet und soll uns vor Augen führen, dass jede Handlung eine Wirkung erzielt. Ganz gleich wie unbedeutend die Handlung ist, ihre Wirkung kann enorm sein. Das erinnert uns an die Verantwortung, die wir für unsere Entscheidungen übernehmen.

Der Schmetterlingseffekt aber ist mehr als nur eine Metapher. Er ist wissenschaftliche Realität. Es konnte nachgewiesen werden, dass in sogenannten »chaotischen Systemen« mit vielen Faktoren, wie etwa dem Wetter, Schmetterlingseffekte tatsächlich möglich sind[24]. Ein einziger Impuls kann zu einer Überschwemmung oder einem Hagelsturm führen.

Es ist also keine Einbildung, wenn du dich fragst, welche Konsequenzen dein Gedanke als Impuls bestenfalls und schlimmstenfalls haben kann und wozu er führt. Der Schmetterlingseffekt macht uns bewusst, dass jeder Impuls zählt. Auch wenn wir nicht beeinflussen können, ob daraus ein Regenbogen wird, ist es doch sinnvoll, ihn zu setzen. Wenn du also das Gefühl hast, gerade nicht besonders viel leisten zu können und nicht mit vollem Einsatz für deine Ziele da zu sein, dann setze trotzdem die richtigen Impulse. Es könnte sein, dass schon bald der warme Wind des Glücks über dein Gesicht streift, ohne dass du es erwartet hast.

ToDo

DER DANKBARKEITS-WOCHENTAG

Wofür wir dankbar sind, vergessen wir schnell.
Eben noch waren wir dankbar dafür, dass es nicht
regnet, im nächsten Moment schimpfen wir über den
Bus, der zu spät kommt. Deshalb ist es gut, wenn wir
uns regelmäßig vor Augen führen, wofür wir dankbar
sind und es so in unserem Bewusstsein verankern.
Der beste Weg dazu ist, einen Dankbarkeitstag
zu ernennen.

So geht's: Suche dir einen Tag in der Woche, an dem du über die letzten Tage nachdenkst und dir notierst, wofür du dankbar bist.

Es ist wichtig, dies nur einmal die Woche zumachen, damit das Gehirn es nicht als regelmäßige Selbstverständlichkeit hinnimmt. So bleibt der Effekt länger erhalten. Einige werden sich wiederholen, andere werden wechseln. Es ist erstaunlich, was einem dabei alles einfällt. Zusätzlich kannst du auch, wenn du ein kleines Büchlein dafür anlegst, ein kleines Rückblickbüchlein machen.

In diesem Buch notierst du abends deine 3 Highlights des Tages. Am liebsten mache ich das vor dem Einschlafen, denn dann mache ich mit einem guten Gefühl das Licht aus. Mein Büchlein ist meine liebste Gute-Nacht-Geschichte!

AUSSEN

Handeln

Nimm es an!
#bebrave

Lass es los!
#bedifferent

Wach auf!
#becurious

Mach das Glück zur Gewohnheit!
#behappy

Bleib dran!
#beconsistent

Pack es an!
#beready

Denken

**Entfessele
deine Power!**
#bewild

**Denke dich
glücklich!**
#bepositive

**Schmiede
einen Plan!**
#besmart

Sei dankbar!
#bewow

**Schau in
deine Zukunft!**
#beyou

**Fühle
deine Stärke!**
#beproud

Fühle
deine Stärke!
#beproud

Sei
stolz auf
dein
Potenzial
und entdecke
dich selbst
neu

MINDSET

Today I am great

Fühle deine Stärke!
#beproud

Weißt du, wovon ich fest überzeugt bin? Jeder von uns ist aus einem ganz bestimmten Grund auf dieser Welt. Es gibt eine Aufgabe, die nur du erfüllen kannst, deshalb bist du hier. Es gibt einen großen Plan, ein gigantisches riesiges Spielfeld, und jemand, vermutlich du selbst, hast dich an einen Platz gestellt, den nur du ausfüllen kannst. Aber wie möchtest du deine Aufgabe erfüllen, wenn du versuchst, jemand anderes zu sein? Du kannst dein ganzes Potenzial nur entfalten, wenn du ganz du selbst bist. Das ist ebenso einfach wie kompliziert. Kompliziert ist es aus dem gleichen Grund, weshalb es einfach ist. Es gibt dich nicht nochmal, also gibt es auch keine Vorlage, an der du dich orientieren kannst, um du selbst zu sein. Alles, was du hast, ist dein innerer

Kompass, der dir ganz eindeutig sagt, wann du auf dem Weg zu dir selbst bist und wann du dich von dir entfernst. Du weißt nicht genau, wie dieser Kompass funktioniert? Dabei ist das doch ganz leicht! Deine Gefühle sind die Kompassnadel, die dir zeigt, ob du auf dem richtigen Weg bist, ganz gleich, ob diesen Weg niemand vor dir je gegangen ist.

Habe den Mut, du selbst zu sein!

Als ich endlich genug davon hatte, zu versuchen, jemand anderes zu sein, und den Mut fand, ganz ich selbst zu sein, hielt ich auf einmal einen mächtigen Schlüssel in der Hand. Dieser Schlüssel war der Zugang zu meinem ureigensten Potenzial und dieses Potenzial war viel größer, als ich mir je hätte vorstellen können. Sobald ich mich dazu entschlossen hatte, so zu sein, wie es sich für mich richtig anfühlte und mich nicht mehr an dem orientierte, was für andere »normal« oder »richtig« war, entdeckte ich in mir meine ganz persönliche Superkraft, eine unerschöpfliche Quelle an Energie, Motivation, Inspiration und Kreativität, die einfach nie versiegt, ganz gleich, was ich tue.

Aus deiner Mitte kommt die Kraft!

Und das Überraschendste? Auch andere bemerkten auf einmal, dass ich ganz in meiner Mitte, ganz bei mir war. Ich probierte nicht länger so zu sein, wie andere mich gern hätten, sondern war einfach so, wie ich mich fühlte und je länger ich das tat, umso energiegeladener, leistungsfähiger und besser fühlte ich mich. Vorbei war es mit den Motivationslöchern, den quälenden Selbstzweifeln, der ewigen inneren Beschränkung.

Ich wusste auf einmal, dass ich alles erreichen konnte, was ich mir vornahm, wenn ich es nur fest genug wollte. Hast du schon einmal Bogenschießen ausprobiert? Falls nicht, kann ich dir das dringend ans Herz legen. Die meisten Menschen, die es das erste Mal machen, zielen, indem sie sich auf den Pfeil konzentrieren, auf das »Wohin«. Und was geschieht dann? Sie schießen vorbei. So kann niemand in das Ziel treffen. Vielmehr muss man das Ziel fest in das Visier nehmen, sich ganz genau auf den Punkt konzentrieren, den man erreichen möchte – und wie durch ein Wunder trifft man diesen auch. Es geht nicht um Kraft, nicht um Können, noch nicht einmal nur um die Technik, sondern in allererster Linie um den Fokus. Du musst wissen, wo du hinwillst, dann kommt das »Wie« von ganz allein. Aber dieses Ziel kannst du nur sehen, wenn du darauf vertraust, dass du perfekt bist, so wie du bist. Denn das bist du!

Potenzial – Gabe oder Skill?

Wenn wir über Potenzial sprechen, dann kommt ganz schnell die Frage auf, was das eigentlich ist, Potenzial. Kurz gefasst handelt es sich um die Summe der Möglichkeiten, die dir offenstehen. Zwischen dir und der Verwirklichung deiner Träume stehen weder Geld noch Können noch Chancen noch Glück. **Das Einzige, was dich davon trennt, ist dein Willen.** Entscheide dich dafür und schon bist du auf dem High Way zur besten Version deines Lebens, die du dir vorstellen kannst. Es gibt nichts – wirklich nichts – das dich aufhalten kann. Jeder von uns wird mit dem gleichen, unerschöpflichen Potenzial geboren. Ob wir erfolgreich oder glücklich werden, hat sehr viel weniger mit den Lebensumständen zu tun, in die wir hineingeboren werden, als vielmehr damit, wie wir mit unserem Potenzial umgehen. In der Schule und im Laufe unseres Lebens lernen wir eine ganze Menge, doch das wirklich Entscheidende, das Einzige von Bedeutung, das bringt uns niemand bei: wie wir unser Potenzial ausschöpfen.

Das Zauberwort heißt Resilienz

Tatsächlich geht es weniger darum, mit wie viel Potenzial wir geboren werden, als darum, ob es jemanden gibt, der an uns glaubt, uns mit Selbstvertrauen und etwas ausstattet, das man in der Psychologie »Resilienz« nennt. Resilienz umschreibt die Widerstandskraft, die unsere Seele im Umgang mit belastenden Situationen und Herausforderungen hat. Je früher wir in unserem Leben mit Ereignissen konfrontiert werden, die die Selbstheilungskräfte unserer Seele überfordern, umso anfälliger sind wir später für Stress, seelische Verletzungen und psychische Krankheiten. Aber was genau macht eigentlich die Selbstheilungskräfte unserer Seele aus? Wird man mit einer starken Seele geboren oder erwirbt man sie? Geht es um Abhärtung oder doch eher um ein leistungsfähiges psychisches Immunsystem?

Der eine Mensch, der den Unterschied macht: Die Kauai-Studie

Genau diese Frage wollte die amerikanische Entwicklungspsychologin Emmy Werner beantworten, als sie 1955 damit begann, 700 Kinder von der hawaiianischen Insel Kauai über mehrere Jahrzehnte zu begleiten.[25] Diese Kinder wuchsen unter schwierigen Bedingungen auf: Es gab Armut, wenig Zugang zu Bildung und Ressourcen, viele der Eltern tranken oder die Familien waren zerrüttet. Eigentlich hätte man nach dem damaligen Stand der Forschung davon ausgehen müssen, dass alle diese Kinder keinen guten Start in das Leben machen und als Erwachsene aufgrund ihrer schlechten Startbedingungen eher weniger erfolgreich und psychisch auffällig sein würden. Doch Emmy Werner erlebte eine Überraschung: Rund ein Drittel der Kinder entwickelte sich zu glücklichen, leistungs-fähigen und erfolgreichen Erwachsenen. Die Ursache dafür war bald gefunden: Jedes dieser Kinder hatte in seinem Umfeld mindestens einen Erwachsenen gehabt, der liebevoll und fürsorglich für ihn da war und an ihn glaubte. Das genügte, um die Kinder mit genügend psychischen Abwehrkräften für ein ganzes Leben auszustatten und ihnen Zugang zu ihrem angeborenen Potenzial zu verschaffen.

> Jedes dieser Kinder hatte in seinem Umfeld mindestens einen Erwachsenen gehabt, der liebevoll und fürsorglich für ihn da war und an ihn glaubte.

Versinnbildlicht:
Der Fisch auf dem Fahrrad

Leider hat nicht jeder von uns das Glück, schon in der Kindheit jemanden um sich zu haben, der unabdingbar und unerschütterlich an uns glaubt. Viele Eltern glauben nämlich immer noch, der Schlüssel zum Glück sei »Normalität« – eine Normalität, die überhaupt nicht existiert.

Jeder ist ein Genie! Aber wenn
Du einen Fisch danach beurteilst,
ob er auf einen Baum klettern
kann, wird er sein ganzes Leben
glauben, dass er dumm ist.

Albert Einstein

Was für den Fisch normal ist, ist für den Vogel undenkbar und umgekehrt. Und trotzdem sind sie perfekt für den Platz in der Natur, die Nische, in die sie hineingeboren werden. Das gilt auch und insbesondere für uns Menschen. Wenn man einen Blick auf die Biografien besonders erfolgreicher Personen wirft, dann erkennt man, dass sie trotz aller Rückschläge immer an sich und an das, was sie taten, glaubten. Das ist eine entscheidende Stärke! Stärken sind der Wind in unseren Segeln, sowie unser Wille das Boot unseres Lebens steuert. Viele von uns machen im Laufe ihres Lebens Erfahrungen, die dafür sorgen, dass wir uns selbst nicht genug vertrauen und nicht an uns glauben – sogar wenn wir das wollen. Der Zweifel an uns selbst ist dann in unserem Unterbewusstsein festgeschrieben und lässt sich nicht so leicht überwinden. Aber mit ein bisschen Übung gelingt es!

Auf der Suche nach einer guten Methode, um das Selbstvertrauen zu stärken, landete ich – ob Zufall oder nicht – schon wieder auf Hawaii, genauer beim hawaiianischen Schamanismus. **Weißt du, was einen guten Schamanen ausmacht?** Nicht etwa übersinnliche Fähigkeiten, sondern der unerschütterliche Glaube an sich selbst und etwas, das man Selbstachtung nennt. Aus diesem Grund ist eine schamanische Reise nach innen ein hervorragender Weg, um das Unterbewusstsein darin zu stärken, an dich selbst zu glauben. Probiere es einfach mal aus![26]

Was sind Stärken?

Die Wissenschaft ist sich einig – wer seine Stärken aktiviert, drückt sich klarer und deutlicher aus, ist präsenter, gestikuliert mehr, benutzt mehr Metaphern, hat mehr Energie und mehr Charisma. Aber was sind eigentlich Stärken und wie aktiviert man sie? Stärken sind ganz allgemein gesagt Fähigkeiten, die dir helfen, deine Ziele zu erreichen und Herausforderungen zu meistern. Sie setzen sich aus Gedanken, Gefühlen und Verhaltensweisen zusammen, machen uns leistungsfähig und sie verändern sich. **Jeder von uns verfügt über mehrere Stärken, die unterschiedlich** ausgeprägt sind. Einige Stärken bringen wir mit, andere erlernen wir in unserer Kindheit, und wenn wir es möchten, können wir uns im Laufe unseres Lebens noch viele weitere Stärken aneignen oder aber ihre Intensität ausbauen. Das ist ein wenig, als hättest du Zugang zu jeder Superkraft der Welt. Stärken sind: Neugier, Lust am Lernen, kritisches Denken, Offenheit, Kreativität, Weisheit, Mut, Disziplin, Ehrlichkeit, Enthusiasmus, Freundlichkeit, Großzügigkeit, Lieben und geliebt werden, Teamfähigkeit, Gerechtigkeit, Führungsqualitäten, Selbstregulation, die Fähigkeit zu vergeben, die Begeisterung für Schönes, Achtsamkeit und Dankbarkeit. Auch Resilienz, die seelische Widerstandskraft, ist eine Stärke. Stärken beeinflussen, auch wenn wir uns ihrer nicht bewusst sind, welchen Lebensweg wir einschlagen, und wie erfolgreich wir darin sind. So zeigen Studien, dass Militärangehörige häufiger Stärken im Bereich Ehrlichkeit, Mut und Zusammenarbeit haben, während Schülern die Stärken Ausdauer, Liebe und Hoffnung einen größeren schulischen Erfolg bescheren. Je mehr Stärken jemand hat, desto größer sind seine physische und psychische Gesundheit, sein allgemeines Wohlbefinden und seine Leistungsfähigkeit.

Erhebungen zufolge sind Freundlichkeit, Ehrlichkeit und Dankbarkeit die häufigsten Stärken weltweit, während Weisheit, Mäßigung und Selbstregulation am seltensten sind.

Stärken sind der Schlüssel zu deinem Potenzial

Wie du siehst, haben wir uns im Laufe dieses Buches bereits mit einigen dieser Stärken beschäftigt und werden in den folgenden Kapiteln aktiv daran arbeiten, sie auszubauen. Denn das Wunderbare an Stärken ist: Je mehr du davon hast und je bewusster du dir ihrer bist, umso glücklicher und positiver gehst du an dein Leben. Beschäftige dich mit deinen Stärken und das Glück kommt ganz von allein! Die Wissenschaft bestätigt es: Wer sich seiner Stärken bewusst ist, erlebt mehr Erfolge, überwindet Krisen und Krankheiten schneller, besiegt sogar Depressionen und fühlt sich besser und leistungsfähiger. So einfach kann es doch nicht sein? Und ob!

Beschäftige dich mit deinen Stärken und das Glück kommt ganz von allein!

Dein persönlicher Stärkentest

Nachdem wir jetzt so viel über Stärken gesprochen haben, bist du sicher neugierig, mehr über dein ganz persönliches Stärkenprofil herauszufinden. Dafür habe ich etwas ganz Besonderes für dich: einen Online-Stärken-Test der Universität Zürich. Er ist kostenlos und detailliert und gibt dir einen guten Einblick darin, was deine ganz persönlichen Stärken sind. Auf was wartest du? Los geht es! [27]

Wenn du deine Auswertung erhalten hast, kannst du dir überlegen, wo und wie du deine Stärken bereits einsetzt und wie du bewusst an ihnen arbeiten kannst. [28]

Möchtest du beispielsweise die Lust am Lernen zu deiner neuen Stärke machen, dann melde dich jetzt für einen Online-Kurs zu einem Thema an, für das du dich interessierst, aber noch nichts darüber weißt – zum Beispiel den »EMOTIONIZE® ME« Online-Kurs. Oder ist dein Ziel, kreativer zu sein? Dann lass deiner Fantasie freien Lauf! Du kannst damit beginnen, ein Bild zu malen oder restauriere ein altes Möbelstück ganz nach deinen Vorstellungen, komponiere ein Lied oder schreibe ein Gedicht, je nachdem, was dir liegt. Du wirst sehen, dass deine Kreativität bald zu sprudeln beginnt. Wenn dir nichts einfällt, dann lasse dich inspirieren – gehe in ein Museum, besuche eine Ausstellung oder schau dir einen Film über einen berühmten Künstler an. Inspiration garantiert!

Auch Disziplin und Durchhaltevermögen kann man üben. Setze dir in einem Bereich deines Lebens ein Ziel, das man nur durch Dranbleiben erreichen kann, im Sport beispielsweise oder beim Abschließen einer Aufgabe. Plane, wann und wie du die einzelnen Arbeitsschritte durchführst und bleib dran. Du wirst sehen, dass es beim nächsten Mal schon viel leichter geht!

Glückwunsch!

Wenn du noch mehr Power für deine Stärken möchtest, dann findest du auf meinem Blog das Stärken-Bootcamp.[29]

Hallo, Potenzial! Wie ein Perspektivwechsel dein Hirn zum Superbrain macht

In den letzten Jahren hat die Forschung das, was wir über unser Gehirn wissen, regelrecht revolutioniert. Früher dachte man, dass wir mit unserem Gehirn auf die Welt kommen, dann wird es in der Kindheit geprägt und im Grunde bleibt es dann für den Rest unseres Lebens so, wie es ist, nur um im Alter langsam zu verkümmern. Falsch gedacht! [30] Unser Gehirn entwickelt sich unablässig weiter, es verändert sich und kann ganz und gar Unglaubliches leisten. Alles, was es dazu braucht, ist die richtige Stimulation durch dich und deine Bereitschaft, dein Gehirn in ein echtes Superbrain zu verwandeln. Wusstest du, dass das Gehirn keinen Unterschied zwischen dem macht, was du in der Realität erlebst und was in deinen Träumen, deiner Vorstellung und deiner Fantasie? Das bedeutet, wenn du dein Gehirn mit den richtigen Informationen und Botschaften fütterst, dann kannst du dafür sorgen, dass du all die Dinge erlebst, die du dir wünschst. Indem du jeden Tag immer wieder die gleichen Dinge machst, die dich nicht wirklich glücklich machen, verhungern dein Gehirn und dein Potenzial gleichermaßen. Um diesem traurigen Zustand ein Ende zu setzen, ist ein Perspektivwechsel notwendig. Betrachte dein Leben, deine Vergangenheit und vor allem deine Zukunft aus einem ganz und gar neuen Blickwinkel und du wirst sehen, wie du von ganz allein Zugang zu deinem Potenzial bekommst. Brich mit deinen Routinen und werde zum Schöpfer deiner Wirklichkeit! [31]

> Wusstest du, dass das Gehirn keinen Unterschied zwischen dem macht, was du in der Realität erlebst und was in deinen Träumen, deiner Vorstellung und deiner Fantasie?

Brich mit
deinen Routinen
und werde
zum Schöpfer
deiner Wirklichkeit![31]

Das sagt die Wissenschaft:
Die Self-Determination-Theorie

Nachdem wir jetzt so viel über Stärken gelernt haben, interessiert uns natürlich, wie wir sie am besten einsetzen.

Die Selbstbestimmungs-Theorie, auf Englisch Self-Determination-Theory oder SDT der englischen Psychologen Edward L. Deci und Richard M. Ryan[32] bildet ab, wann wir unsere Stärken am besten zum Einsatz bringen. Das geschieht dann, wenn die drei psychologischen Grundbedürfnisse Autonomie, Kompetenz und Bindung erfüllt sind.

Autonomie etwa umfasst, ob Selbstbestimmung und das Handeln im Einklang mit den inneren Werten möglich sind. Kompetenz bezieht sich darauf, ob du deine Fähigkeiten einbringen und entfalten kannst und die Bindung beschreibt, ob du dich in einem Team oder einer Gruppe gut aufgehoben und eingebunden fühlst. Wird die Durchführung einer Aufgabe all diesen Bedürfnissen gerecht, dann kann jeder, der an ihr beteiligt ist, seine Stärken optimal einbringen und weiterentwickeln.

ToDo

HOL DIR FEEDBACK VON DEINEN FREUNDEN!

Bitte deine Freunde um Feedback dazu, wie sie dich und deine Stärken sehen. Stelle Ihnen dazu folgende Fragen und bitte sie um eine ehrliche Rückmeldung:

Ich möchte gerne mehr über meine Stärken erfahren und bitte dich deshalb um ein ehrliches Feedback. Bitte nimm dir 10 Minuten Zeit, um mir folgende Fragen zu beantworten:

1

Welche Stärken siehst du in mir?

Bitte nenne mir mindestens drei
und begründe deine Antwort.

2

Kannst du mir zu jeder Stärke ein konkretes Beispiel/ein Erlebnis nennen?

3

Welche Stärken könnte ich deiner Meinung nach ausbauen/vertiefen?

Bitte begründe auch das.

FEEDBACK

AUSSEN

Handeln

Nimm es an!
#bebrave

Wach auf!
#becurious

Lass es los!
#bedifferent

Mach das Glück zur Gewohnheit!
#behappy

Bleib dran!
#beconsistent

Pack es an!
#beready

Denken

**Entfessele
deine Power!**
#bewild

**Denke dich
glücklich!**
#bepositive

**Schmiede
einen Plan!**
#besmart

Sei dankbar!
#bewow

**Schau in
deine Zukunft!**
#beyou

**Fühle
deine Stärke!**
#beproud

Schau in deine Zukunft!

6

#beyou

Sei
die
beste
Version
deiner
selbst

Today I am myself

Schau in deine Zukunft!
#beyou

Wie gut kennst du dich selbst? Was würdest du antworten, wenn ich dich frage, ob du dich selbst kennst – und ob du dich magst? Es ist traurig – aber leider wahr: Viele Menschen mögen sich selbst nicht sonderlich. Nicht nur das: Sie haben auch keine Idee davon, wer sie eigentlich sein möchten. Stattdessen versuchen sie, in vorgefertigte Schablonen zu passen und so zu sein, wie andere sie haben möchten. Das ist der sicherste Weg, um unglücklich und erfolglos zu sein.

Eine Tragödie namens
»Ich will so sein, wie andere
mich haben möchten«

Häufig ist gerade das, was wir am störendsten an uns selbst finden, genau das Zaubermittel, das uns einzigartig macht und dafür sorgt, dass wir unseren Platz in der Welt einnehmen. Davon kann ich ein Lied singen: Früher hasste ich alles an mir. Ich hasste meine Locken, meine Stimme, die Tatsache, dass ich so klein war und alle mich »süß« fanden und ich ärgerte mich darüber, dass ich Schwächen hatte. Wenn andere mich kritisierten, weil sie mich »laut« oder »anstrengend« fanden, weil sie mit meiner lebhaften Art nicht zurechtkamen oder mit meinem unbedingten Bedürfnis, allen Dingen auf den Grund zu gehen, dann verletzte mich das sehr. Ich fühlte mich abgelehnt und ungeliebt und das tat höllisch weh. Als Reaktion versuchte ich, genau so zu sein, wie andere mich haben wollten und das war schwer. Das Problem ist nämlich, dass die anderen gar keine klare oder auch nur realitätsnahe Vorstellung davon haben, wer man selbst ist.

> Das Problem ist nämlich, dass die anderen gar keine klare oder auch nur realitätsnahe Vorstellung davon haben, wer man selbst ist.

Sie haben nur Schubladen, in die sie einen stecken und die können sich sogar widersprechen. Mein Chef möchte mich anders haben als meine beste Freundin und mein Partner anders als meine Eltern. Was davon soll ich übernehmen, wen enttäuschen und wo bleibe bei der ganzen Sache eigentlich ich? Diese Fragen begann ich mir zu stellen, als ich in meinem Leben immer unglücklicher wurde, je mehr ich mich anstrengte. Was mir half, war ein vollständiger und grundlegender Perspektivenwechsel. Eine meiner Schwächen etwa sind Schreiben und Büroarbeit. Ich sprudele über vor Ideen und Konzepten, doch ich bin nicht so gut darin, Regeln auswendig zu lernen und sie anzuwenden. Macht mich das zu einem weniger kompetenten Menschen? Im Gegenteil – es unterstreicht nur, dass meine Stärken darin liegen, neue und kreative Wege zu beschreiten und die alten, ausgedienten hinter mir zu lassen.

Das Power-Prinzip von Antony Robbins

Eine Person, die mir sehr dabei geholfen hat, das zu erkennen, ist der US-amerikanische Bestseller-Autor und Trainer Antony Robbins. Er gehört laut Forbes zu den 100 einflussreichsten Menschen in den USA und seine Vorträge sind magisch.

Sein »Powerprinzip«[33] habe ich sicherlich ein dutzend Mal gelesen und gehört – und es hatte die Kraft, mein Leben zu verändern. Endlich erkannte ich, dass die Lösung für meine Probleme nicht darin bestand, mich immer weiter und besser anzupassen und die Erwartungen zu erfüllen, die andere an mich stellten, sondern dass es vielmehr darum geht, ganz und gar ich selbst zu sein, um mein Potenzial voll auszuschöpfen.

Was sind deine Big Five?

Wir alle sind verschieden und das ist gut so, großartig sogar! Doch was genau macht eigentlich diese Unterschiede aus? Warum verhält sich der Eine so und der Andere so? Darüber zerbrechen sich Psychologen nicht erst seit gestern den Kopf. Ein Modell, um das zu erklären, sind die sogenannten »Big Five«.

Die »Big Five« sind Persönlichkeitsdimensionen, die, je nach Ausprägung, bestimmen, wer wir sind. Die Idee reicht bis in den Anfang des 20. Jahrhunderts zurück, als man in Fabriken und Unternehmen herausfinden wollte, wie man Arbeiter zu mehr Leistung stimuliert und warum sich Angestellte bei gleichen Bedingungen unterschiedlich verhalten. Heute gehören die »Big Five« gerne zu Einstellungstest, denn sie verraten einer Firma, mit welchen Stärken und Schwächen sie bei einem potenziellen Bewerber rechnen können.

Die fünf Bereiche,
aus denen sich Verhalten und Persönlichkeit zusammensetzen, sind die folgenden:

1. Offenheit

Wie sehr bist du bereit, dich auf Neues und Unbekanntes einzulassen? Bist du neugierig und gehst du gern auf andere Menschen zu? Menschen, die hohe Werte im Bereich Offenheit erzielen, sind häufig einfallsreich, flexibel und anpassungsfähig. Je offener du bist, umso eher bist du bereit, dich auf Neues einzulassen und andere so zu akzeptieren, wie sie sind. Fehlt es dir an Offenheit, kann es sein, dass du anderen Sichtweisen gegenüber verschlossen bist und dir damit viele Chancen verschließt.

2. Gewissenhaftigkeit

Wie sorgfältig, methodisch und zuverlässig gehst du bei der Erledigung von Aufgaben vor? Bist du organisiert und machst dir vorher einen Plan, oder stürzt du dich einfach mittenrein? Menschen, die sehr strukturiert vorgehen, sind meistens sehr zuverlässig, reagieren aber frustriert, wenn ihr Plan nicht funktioniert oder sie aufgrund äußerer Umstände umdenken müssen. Je mehr Kontrolle du an den Tag legst, umso weniger Raum lässt du für das Unerwartete und die kleinen Überraschungen, die das Leben bereithält. Wenn du aber zu wenig Kontrolle an den Tag legst, übernimmt schnell das Chaos die Herrschaft.

3. Extraversion

Wie sehr schätzt du den Austausch mit anderen? Bist du gesprächig und interessierst dich für andere? Ist es für dich wichtig, Teil einer Gruppe oder eines Teams zu sein oder arbeitest du lieber für dich? Wenn du dich gerne mit anderen umgibst, dann bist du begeisterungsfähig und nimmst die Stimuli anderer bereitwillig auf. Ist der Bereich Extraversion eher niedrig, dann genießt du Zeit mit dir alleine und tankst so deine Energien auf. Damit entgehen dir oft wichtige Impulse, die aus der Teamarbeit entstehen.

4. Altruismus

Bringen andere Menschen dich schnell auf die Palme? Denkst du an Rache oder streitest dich oft? Oder bist du im Gegenteil für deine Freundlichkeit und deine Hilfsbereitschaft bekannt? Je offener und hilfsbereiter du bist, umso größer ist der Kreis der Menschen, die für dich da sind, wenn du sie brauchst. Eine wichtige Stärke!

5. Emotionale Stabilität

Wie gut kennst du dich und deine Gefühle? Lässt du dich oft von ihnen übermannen oder nimmst du sie nicht richtig wahr? Hängst du häufiger in negativen Gedankenschleifen fest und werfen dich Krisen und Probleme völlig aus der Bahn? Oder bewahrst du auch in herausfordernden Situationen Ruhe und kannst ihnen immer etwas Positives abgewinnen? Je größer deine emotionale Stabilität ist, umso größer ist dein Glücksfaktor.[34]

Ich bin mir sicher, dass du dich in vielem bereits wiedererkannt hast. In meinen Augen sind die »Big Five« wunderbar geeignet, um eine »Ist-Analyse« deiner gegenwärtigen Persönlichkeit und deines Verhaltens zu machen. Du weißt jetzt, wo deine Stärken und deine Schwächen liegen und kannst entscheiden, ob du an ihnen arbeiten möchtest. Dabei kannst du einerseits deine Stärken vertiefen andererseits deine Schwächen ausgleichen.[35]

Die Highlights deines Lebens

Stell dir vor, du hättest fünf Polaroids, die für Highlights in deinem Leben stehen – eine Reise, ein besonderes Erlebnis, eine schöne Begegnung. Kannst du sie benennen? Welche hast du schon erlebt – welche möchtest du vielleicht noch erleben? Gibt es etwas, von dem du schon lange träumst, doch bislang nie gewagt hast, es zu tun? Jeder Mensch sollte mindestens fünf dieser Highlights haben – natürlich können sie sich im Laufe eines Lebens verändern. Welche sind deine – und welche kommen noch hinzu? Habe den Mut, zu träumen! Nichts ist unmöglich, wenn du es willst!

Entscheide dich – und das Glück folgt dir!

Als ich Tony Robbins und seinen Vorträgen begegnete, wusste ich, dass ich nicht länger versuchen wollte, so zu sein, wie andere mich haben wollten. Aber wer war ich eigentlich? Und noch viel wichtiger: Wer wollte ich sein? Über diese Fragen grübelte ich lange nach. Auf die erste Frage gab mir der Test der »Big Five« eine Antwort. Aber war das wirklich das beste Ich, das ich mir vorstellen konnte? Handelte es sich nicht um eine Momentaufnahme, in der vieles zufällig war? Dabei kam mir der Künstler Leonardo Da Vinci in den Sinn. Wenn er begann, eine Figur aus einem Marmorblock zu formen, dann konnte er vorher die genauen Umrisse dieser Figur in dem Marmorblock erkennen. Genau darum geht es, wenn es heißt, sich eine Vision von sich selbst zu geben.

Nur du kannst deine Vision entwickeln!

Das Spannende daran ist: Niemand kann dir dabei helfen, den Inhalt dieser Vision zu bestimmen. Das kannst nur du allein. Du bist der einzige Mensch auf der ganzen, weiten Welt, der das für dich kann. Weder deine Eltern noch deine Lehrer, Vorgesetzten, dein Partner, deine Kritiker noch deine Freunde können das für dich tun. Es handelt sich dabei um die kreativste, wichtigste und magischste Tätigkeit, die es gibt. Ich schreibe nicht zufällig von Magie. Sich selbst zu formen, aus dem Marmorblock zu holen, bedeutet, dass du alles sein kannst, was du möchtest. Alles, was dazu notwendig ist, ist, dich dafür zu entscheiden. Mein Lieblingsbild dazu ist das der Katze, die in den Spiegel schaut und einen Tiger sieht. Was siehst du, wenn du in den Spiegel schaust?

> Sich selbst zu formen, aus dem Marmorblock zu holen, bedeutet, dass du alles sein kannst, was du möchtest.

Du erschaffst deine Welt

Ähnlich wie die Bildhauer der Renaissance hast auch du Werkzeuge, die dir helfen, dich selbst aus dem Marmorblock zu formen. Das wichtigste Werkzeug ist dein Bewusstsein, das von deinem Willen geformt wird. Aus genau dem Grund ist es so wichtig, dass du herausfindest, was du eigentlich willst. Dein Bewusstsein erschafft für dich die Welt. Das ist der Grund, weshalb Glaubenssätze so machtvoll sind – sie sind die kondensierten Annahmen,

> Dein Bewusstsein erschafft für dich die Welt.

die wir über uns und die Welt getroffen haben und unser Unterbewusstsein tut nun alles, damit die Welt diesen Annahmen auch entspricht, auch wenn uns das unglücklich macht. Die Welt und unser Leben sind genau so, wie wir sie uns wünschen, nur wissen wir oft nicht genug über das, was wir uns wünschen und wie wir sie uns vorstellen. Betrachten wir das Leben als einen ewigen Kampf, in dem es nie gerecht zugeht, dann wird sich unser persönlicher Lebensweg exakt entlang dieser Überzeugung entfalten. Sehen wir es hingegen als ein Spiel an, in dem es viel zu gewinnen und auch einiges zu verlieren gibt, erleben wir es mit sehr viel mehr Leichtigkeit und Vertrauen. All das trifft auch auf unsere eigene Rolle zu. Wir können die negativen Glaubenssätze abstreifen, die man uns im Laufe unseres Lebens übergestülpt hat. Dann aber kommt es darauf an, unser Unterbewusstsein mit neuen, kraftvollen Annahmen über uns selbst zu füttern und dabei die Vision unseres Selbst nie aus den Augen zu verlieren.

Sei dein bestes Selbst

Bei der Aufgabe, eine Vision für dein bestes Selbst zu entwickeln, geht es nicht darum, Werte und Stärke anzunehmen, die andere als besonders gut erachten. Vielmehr musst du dich fragen, was dir in deinem Leben wichtig ist. Möchtest du gerne über viel Geld verfügen, möchtest du Ruhm und Anerkennung erhalten, legst du Wert auf äußere Schönheit, künstlerische Erfolge, auf Freiheit und Reisen, auf viele Freunde, ein aufregendes Leben oder eine erfüllende Partnerschaft. Suche dir genau die Dinge heraus, die sich für dich wichtig und richtig anfühlen, ohne Rücksicht darauf, was andere von dir erwarten.

Vergiss nicht: Du bist nicht auf der Welt, um so zu sein, wie andere dich haben wollen. Du bist hier, um du selbst zu sein. Das Universum, die höhere Macht, Gott, wie auch immer du das nennen möchtest, hatte einen Plan, als es dich auf die Welt schickte und du kannst diesen Plan nur erfüllen, wenn du zum Schöpfer deiner eigenen Wirklichkeit wirst.

Niemand
außer dir selbst
entscheidet über
dein Schicksal!

Das klingt aufregend und auch ein wenig beängstigend, aber wenn du tief in dich hineinlauschst, dann weißt du, dass es die Wahrheit ist. Wenn du dir eine Traumhochzeit in Weiß wünschst oder viele Kinder oder ein erfolgreiches Start-Up zu lenken, wenn du möchtest, dass dein Körper vor Gesundheit und Fitness nur so strahlt oder wenn du eine künstlerische Nische verkörpern möchtest – all das steht dir frei, und zwar völlig unabhängig davon, wo du im Leben gerade stehst oder wie alt du bist. Die schöpferische Kraft deines Unterbewusstseins ist so gigantisch, dass es dein Leben binnen kürzester Zeit völlig transformieren kann, wenn du dich dafür entscheidest. Das gilt auch für den Anspruch, glücklich zu sein.

Glück ist ein »Show, don't tell«

Es gibt unfassbar viele Arten, glücklich zu sein, vermutlich so viele wie Menschen. Fast alle Romane und Filme, die wir kennen, befassen sich auf die eine oder andere Weise damit, uns zu erzählen, wie unglücklich diese oder jene Person ist und wie sie es entweder schafft, doch noch glücklich zu werden, dann haben wir ein Happy End, oder wie sie sich mit diesem Unglück abfindet. Ist dir schon einmal aufgefallen, dass wir all diesen Menschen nur selten dabei zusehen, wie sie einfach glücklich sind? Wie sie Tag für Tag den Menschen küssen, den sie lieben, wie sie sich über die Erfolge ihrer Kinder freuen oder über ein gutes Abendessen? Solche Bilder werden höchstens benutzt, um den Kontrast zu einem bevorstehenden oder zurückliegenden Unglück zu verstärken. Weißt du, woran das liegt? Beim Schreiben gibt es eine Regel: Sie lautet »Show, don't tell«. Übersetzt heißt das so viel wie: »Zeige es, beschreibe es nicht«. Man kann zum Beispiel ein Kapitel damit beginnen, zu erklären, dass eine Person besonders frech und aufgeweckt ist, oder man lässt sie etwas erleben, bei dem genau diese Eigenschaften deutlich werden. Letzteres ist der elegantere Weg. Wenn es um das Thema Glück geht, dann können wir uns selbst so oft erzählen, wie wir wollen, dass wir glücklich sind, wir werden es nicht glauben, weil wir gar keine konkrete Vorstellung davon haben, was Glück für uns eigentlich bedeutet. Um uns wirklich davon zu überzeugen, müssen wir es uns vorstellen. Kurz gesagt: Der Grund, weshalb wir in Romanen und Filmen so selten Menschen sehen, die einfach glücklich sind, liegt daran, dass die meisten Schriftsteller daran scheitern, zu zeigen, wie man glücklich ist. Und das wiederum hat seine Ursache in dem Umstand, dass sich Schriftsteller eben lieber mit den tausend Arten des Unglücks beschäftigen, als mit der einen wahren Art, glücklich zu sein: du selbst zu sein.

Sei es und du bist es

Es klingt so einfach und ist doch zugleich die schwierigste Sache der Welt, denn es gibt keine Vorlage, keine Gebrauchsanweisung, kein Manual dafür, du selbst zu sein. Auch der Rat, dich einfach für das Glück zu entscheiden, klingt viel zu simpel, um zu funktionieren. Immerhin kannst du dir unendlich oft vornehmen, glücklich zu sein, wenn du nicht daran glaubst, wird es nicht funktionieren. Das liegt daran, dass vielleicht in deinem Unterbewusstsein noch immer negative Glaubenssätze wirken. Vielleicht weiß dein Unterbewusstsein aber auch gar nichts von deiner persönlichen Glücksvision und ist ziemlich ratlos angesichts deiner Wünsche. Glücklicherweise gibt es eine Menge Techniken, um direkt mit deinem Unterbewusstsein zu kommunizieren und es zum Baumeister deines besten Selbst zu machen.

Sende Glücksgrüße an dein Unterbewusstsein!

Affirmationen zum Beispiel sind ein guter Weg.[36] Dabei handelt es sich um Sätze, die so klar und eingängig sind, dass du sie leicht wiederholen kannst, bis sie sich deinem Unterbewusstsein einprägen. Ein weiterer Weg sind Visualisierungen. Stell dir dein neues Selbst in allen Facetten vor und lass es am besten auch gleich jede Menge aufregende und schöne Dinge erleben. Zu guter Letzt spricht dein

Unterbewusstsein auch darauf an, wenn du ihm einfach vorgaukelst, das, was du dir wünschst, sei bereits Realität. Wenn du dich danach sehnst, bald in Urlaub zu reisen, dann verhalte dich so, als hättest du die Reise bereits gebucht. Triff Vorbereitungen, schwelge in Vorfreude. Du wirst sehen, dein Unterbewusstsein wird deinen Wunsch sehr schnell in Erfüllung gehen lassen.[37]

Versinnbildlicht:

Der Tiger im Spiegel

Bestimmt ist dir das Bild schon einmal in einem sozialen Netzwerk über den Weg gelaufen: Ein kleines Kätzchen steht vor seinem Spiegelbild und sieht darin einen starken, furchteinflößenden Tiger. Für das Kätzchen spielt es keine Rolle, ob die Realität anders ist: Es sieht sich selbst als die starke Raubkatze, die es womöglich irgendwann sein wird. Genauso ist es mit deiner Vision von dir selbst: Je klarer du sie vor Augen siehst, je detailreicher, ausgefeilter und deutlicher sie ist, umso schneller und vollständiger wird sie Realität werden.

Wen siehst du, wenn du in den Spiegel blickst?

Das sagt die Wissenschaft:
Transzendenz – die Superpower deines Bewusstseins

Transzendenz ist ein Begriff, den wir vor allem aus der Religion oder der Philosophie kennen. Ganz allgemein beschreibt man damit etwas, das außerhalb dessen liegt, was wir kennen, was uns vertraut ist und was wir mit unseren Sinnen und unseren Erfahrungswerten erschließen können. In der Religion steht Transzendenz für die Erkenntnis des Göttlichen. Wir überschreiten die Grenze, die zwischen uns und der Erkenntnis von Gott steht. Philosophen wie Friedrich Nietzsche oder Jean-Paul Sartre definierten Transzendenz anders. Für sie war es die Freiheit, sich jederzeit und vollständig neu erschaffen zu können, und zwar jenseits der Grenzen, die andere oder auch wir selbst für uns gesteckt haben.

Erstaunlicherweise konnte die Psychologie in den vergangenen Jahren belegen, dass Transzendenz so etwas wie eine Superkraft ist. Wenn wir bereit sind, das, was wir zu wissen glauben, also unseren Horizont, hinter uns zu lassen und uns und unser Leben aus einer neuen Perspektive zu betrachten, dann kann das nicht nur unsere Lebensgeschichte heilen, sondern auch den Weg freimachen zu einem völlig neuen, selbstbestimmten und glücklichen Leben.

Kurz gesagt: Transzendenz kann uns befreien. Wir werfen den Ballast ab, den andere uns auferlegt haben und arbeiten voller Hingabe an unserer besten Version von uns selbst. Dabei sind wir nicht auf eine Version festgelegt – im Laufe unseres Lebens können wir hunderte davon entwerfen und verwirklichen. Entscheidend ist dafür nur, dass unser Bewusstsein realisiert, dass weder unsere Persönlichkeit noch unser Lebensweg so festgeschrieben oder unveränderlich sind, wie wir gerne glauben möchten und wir Vertrauen in unsere eigenen Fähigkeiten, uns neu zu erschaffen, haben.[38]

Mach Urlaub im »Café am Rande der Welt«

»Weißt du, weshalb du hier bist? Fürchtest du dich vor dem Tod? Führst du ein erfülltes Leben?«[39] Diese drei Fragen stehen auf einer Speisekarte, die der viel beschäftigte Manager John in einem kleinen Café findet und sie verändern sein gesamtes Leben.

Tatsächlich sind das die drei wichtigsten Fragen, die du dir stellen kannst. Nimm dir Zeit, sie zu beantworten, antworte so detailliert wie möglich und du wirst zu mehr als spannenden Ergebnissen kommen. Ein Urlaub im »Café am Rande der Welt« wird den Fokus, den du auf dein Leben hast, grundlegend verändern und dir zeigen, ob du dich auf dem Weg zu dir selbst und damit zum ganz großen Glück befindest.

ToDo

VISUALISIERE DEINE ZIELE AUF EINEM VISION-BOARD!

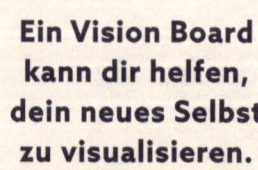

Ein Vision Board kann dir helfen, dein neues Selbst zu visualisieren.

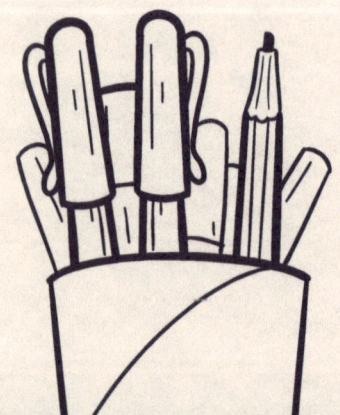

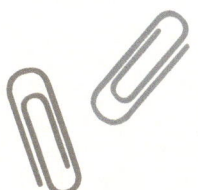

Schnapp dir dazu eine große Pinnwand oder
auch nur ein Papier und dann suche dir in Zeitungen,
im Internet oder wo auch immer lauter Fotos,
die dein neues, bestes Ich repräsentieren.

Schneide sie aus und klebe sie auf das Vision Board,
das du am besten irgendwo aufhängst, wo du es
immer sehen kannst.

AUSSEN

Handeln

Nimm es an!
#bebrave

Wach auf!
#becurious

Lass es los!
#bedifferent

Mach das Glück zur Gewohnheit!
#behappy

Bleib dran!
#beconsistent

Pack es an!
#beready

Denken

**Entfessele
deine Power!**
#bewild

**Denke dich
glücklich!**
#bepositive

**Schmiede
einen Plan!**
#besmart

Sei dankbar!
#bewow

**Schau in
deine Zukunft!**
#beyou

**Fühle
deine Stärke!**
#beproud

Schmiede einen Plan!
#besmart

Sei clever
und finde
deinen
eigenen Weg,
um deine
Ziele zu
verwirklichen

Today I am the boss

Schmiede einen Plan!
#besmart

Wir müssen nicht darum herumreden: Jeder von uns hat Schwächen oder Dinge, die er nicht so gerne macht. Bei »EMOTIONIZE® ME« geht es nicht darum, diese Schwächen loszuwerden – denn sie sind ein Teil von uns und sie zu bekämpfen, würde uns unsinnig viel Kraft kosten. Vielmehr ist es das Ziel, diese Schwächen smart zu managen.

Das bedeutet zunächst einmal, sich ihrer bewusst zu werden und dann smarte Strategien zu finden, um mit ihnen unser Ziel zu erreichen. »EMOTIONIZE® ME« heißt, dein natürliches Potenzial effektiv einzusetzen, also deine Stärken zu fördern und deine Schwächen positiv zu nutzen. Ich, zum Beispiel, bin von Haus aus ein eher fauler Mensch. Ich mache mir ungern mehr Arbeit als unbedingt nötig. Im Laufe meines Lebens – vor allem meiner Selbstständigkeit – habe ich im Rahmen der typischen Selbstoptimierungsstrategien versucht, diese Schwäche zu umgehen, mich selbst reinzulegen und mich zusätzlich zu motivieren, doch irgendwann stieß ich auf etwas, das man auch »konstruktives Denken« nennt. Es ist ähnlich wie positives Denken, doch es zielt nicht darauf ab, negative Gedanken oder Angewohnheiten umzulenken, sondern sie effektiv zu nutzen, indem man sie aus einer anderen Perspektive heraus betrachtet.

Konstruktiv denken – und die Welt gehört dir!

Klar kann man sagen: Tine ist einfach bequem. Man kann aber auch im Sinne des »konstruktiven Denkens« festhalten: Tine ist besonders effizient. Ich versuche stets, mit minimalem Aufwand das maximale Ergebnis zu erzielen. Ich handele in diesem Sinne mit Ressourcen und Investitionen pragmatisch und flexibel. Für mich steht immer das Ziel im Fokus, nicht der Weg dorthin. Als ich anfing, mein Vorgehen auf diese Weise zu betrachten, begann ich, sehr viel bewusster und klarer zu agieren. Ich machte mir nicht mehr vor, dass es mir schon gelingen würde, mich selbst reinzulegen, sondern ich handelte gemäß meiner Persönlichkeit und meiner Anlagen und siehe da: Der Erfolg war durchschlagend. Doch das war nicht das Einzige: Auch ich fühlte mich viel wohler, leistungsfähiger und in meiner Mitte. Klar, ich hatte einen Aspekt meiner Persönlichkeit erfolgreich in mein Berufsleben integriert und gelernt, aus meiner Schwäche eine Stärke zu machen. Das Gefühl ist großartig und ich feiere es jeden Tag – was der Grund ist, weshalb ich es unbedingt mit dir teilen möchte.

Konstruktives Denken macht aus deinen Schwächen Stärken

Die Idee des konstruktiven Denkens geht auf den amerikanischen Mediziner Seymour S. Epstein zurück, der 2018 verstorben ist. Er stellte fest, dass wir über zwei unabhängige Intelligenzsysteme verfügen.

Da ist zum einen die *rational-analytische Intelligenz*, in der wir mit Fakten, Argumenten und Beweisen denken und die wir schulen können.

Daneben gibt es aber auch noch die *intuitiv-emotionale Intelligenz*, das berühmte Bauchgefühl sozusagen, das sich aus unseren Erfahrungen und Prägungen, aber auch aus unseren Genen speist. Forscher nehmen an, dass wir uns diese Art von Intelligenz mit höheren Tieren wie Primaten teilen, es handelt sich also um die ältere Art von Intelligenz. Seymour Epstein nannte diesen Komplex die »kognitiv-experimentelle Selbsttheorie«, kurz CEST.[40] Er stellte fest, dass diese beiden Intelligenzformen einander beeinflussen und je nachdem, welches wir mehr einsetzen, sogar unterschiedliche Denkstile hervorbringen. Wer vermehrt analytisch denkt, der kann sich Regeln und Vorgaben besser anpassen und brilliert zum Beispiel bei akademischen Fragen. Das intuitive Denken hingegen macht uns kreativ und schöpferisch, aber auch anfällig für Beeinflussung. Epstein entwickelte den Test »Constructive Thinking Inventory«, kurz CTI, mit dem man messen kann, welche Bereiche der jeweiligen Intelligenzform ausgeprägt sind. Dabei kann man manche Überraschung erfahren – mir waren zum Beispiel bestimmte Aspekte meines strategischen Denkens gar nicht bewusst, also, in welchen Situationen ich mit der rationalen

Intelligenz dachte und entschied und wie oft meine Intuition viel schneller war. Wenn du mehr darüber erfahren möchtest und in einem kurzen CTI-Test herausfinden möchtest, wie deine persönliche Denkstrategie aussieht, dann wirf einen Blick in meinen Blogbeitrag dazu.[41]

Auf den Plan kommt es an

1903 war ein ereignisreiches Jahr für die Pioniere der Luftfahrt. Allgemein heißt es, den Gebrüdern Wright sei der erste richtige Motorflug gelungen, doch wer sich mit den Geschichtsbüchern beschäftigt, der stößt bald auf Samuel P. Langley, der wenige Wochen vorher mit einem motorisierten Flugzeug Flugversuche unternahm. Das Problem: Langley hatte weder einen richtigen Plan, wie der die Flugversuche durchführen wollte, noch wie er dafür sorgte, dass sie vor der Öffentlichkeit als bewiesen galten. Die Folge: Heute sind die Gebrüder Wright die bekanntesten Flugzeugpioniere, nicht Samuel Langley. Was heißt das für uns? Bevor wir loslegen, brauchen wir entlang unserer Stärken und Schwächen einen Plan, der uns zu unserem Ziel bringt. Dabei kommt es auf den richtigen Mix an. Es macht Sinn, jeden Schritt durchzuplanen und auf alle Eventualitäten zu achten, doch es gehört auch die Flexibilität dazu, den Plan zu ändern, um das Ziel zu erreichen. Klingt ziemlich herausfordernd, hm? Keine Sorge, ich zeige dir Schritt für Schritt, wie es funktioniert.

Versinnbildlicht:
Der Kompass deines Lebens

Wenn wir uns das Leben als einen gewaltigen Ozean voller Möglichkeiten vorstellen, in dem wir auf einem Schiff unterwegs sind, dann kommt es vor allem auf die richtige Navigation an. Die Geschichte des Kompasses ist ein gutes Beispiel dafür. Frühe Formen finden sich bereits im China des Altertums, doch erst in der frühen Neuzeit wurde der Kompass so präzisiert, dass die Seefahrer exakt ihre Position bestimmen konnten, indem sie dank der magnetischen Nadel immer wussten, wo Norden ist und diese im Netz der Längs- und Breitengrade verordnen. Mit Hilfe von Landkarten und den Sternen gelang es so den großen Entdeckern, neue Kontinente zu finden und die Welt zu umsegeln. Übertragen auf unser Leben bedeutet das, dass wir einen möglichst genauen Kompass benötigen, der uns die Richtung zum Verwirklichen unserer Ziele weist. Dein persönlicher Kompass umfasst die Kenntnis deiner Ziele, deiner Stärke, das smarte Managen deiner Schwächen und die Entschlossenheit, nach ihnen zu handeln.

Das sagt die Wissenschaft:
Erkenne deinen »Goldenen Zirkel«

Der Begriff des »Golden Circle« geht auf den britisch-amerikanischen Autor und Berater Simon Sinek zurück, der 2011 einen TED-Talk mit dem Titel »Wie großartige Führungspersönlichkeiten zur Handlung inspirieren«[42] hielt, der zu den meist gesehenen TED-Talks überhaupt gehört. Ich habe mir diesen Talk schon viele Male angehört und er hat meinen Umgang mit Strategien regelrecht revolutioniert. Simon Sinek zielt in seinem Vortrag eigentlich auf den beruflichen Bereich ab. Er hat untersucht, was beruflich erfolgreiche Menschen anders machen, als solche, die sich mit dem Vorankommen schwertun. Dabei hat er etwas Spektakuläres herausgefunden: Erfolgreiche Menschen haben bei der Strategieentwicklung ein anderes Vorgehen, welches ihnen hilft, genau den richtigen Weg zum Erreichen eines Ziels zu finden. Er zeigt, dass wir uns bei Zielen drei Fragen stellen: »Was?«, »Wie?« und »Warum?«. Diese Fragen hat er in drei ineinanderliegende Kreise notiert, die er den »Goldenen Zirkel« nennt. Auf dem äußersten Kreis liegt das »Was?«, im zweiten das »Wie?« und im innersten das »Warum?«. Erfolgreiche Menschen beantworten zuerst das »Warum?« und dann erst das »Was?« oder »Wie?«. Das bedeutet, dass sie ihr Ziel fest im Fokus haben, den Weg dorthin aber flexibel anpassen und deshalb erfolgreicher sind. Der Grund liegt auf der Hand: Manchmal kennen wir bei der Vorbereitung einer Strategie überhaupt nicht, welche Hürden wir auf dem Weg zu unserem Ziel nehmen oder umschiffen müssen. Stehen wir vor ihnen und sie lassen sich nicht mit unserer Strategie vereinbaren, haben wir zwei Möglichkeiten: Umkehren und Aufgeben, oder unsere Strategie anpassen. Wer Letzteres vermag, kommt schneller und häufiger zum Ziel.

Was in der Theorie so einfach klingt, kann uns im Alltag vor erhebliche Herausforderungen stellen. Ich spreche aus Erfahrung: Als ich mich selbstständig machte, da wollte ich alles – eine Website, einen Online-Kurs, ein Buch, alle Social Media Kanäle, einen Podcast und noch vieles mehr. Ich machte mich auch daran, das umzusetzen, doch erst auf der Mitte des Weges stellte ich mir die Frage nach dem »Warum«. Wen möchte ich zu welchem Zweck erreichen? Was ist meine Absicht? Macht es Sinn, gleich mehrere Ziele auf einmal zu verfolgen oder sollte ich mich lieber nur auf eines konzentrieren? Mir half diese Betrachtungsweise enorm dabei, mich zu fokussieren. Aus diesem Grund geht es in dem To-Do für dieses Kapitel auch nur darum, wie du dein ganz persönliches »Warum« findest.

So transformierst du deine Schwächen

Bevor wir uns an die konkrete Strategie für das Erreichen deiner Ziele machen, tragen wir zuerst Sorge dafür, dass dir deine Schwächen nicht kurz vor dem Ziel einen Strich durch die Rechnung machen. Auch wenn wir uns nicht gerne bewusst mit ihnen beschäftigen, kennen wir doch alle unsere Schwachpunkte. Weil wir es aber vermeiden, uns mit ihnen zu beschäftigen, fahren viele von uns ein Leben lang mit angezogener Handbremse durch das Leben und sabotieren sich selbst. Doch es gibt auch gute Nachrichten: Auch wenn wir das Wissen um sie verdrängen, unsere Umwelt spiegelt sie uns zuverlässig: Sind wir zu negativ, unfreundlich, unordentlich, unzuverlässig, aufbrausend, perfektionistisch? In den vergangenen Kapiteln haben wir zu diesen Aspekten bereits einige Informationen gesammelt, durch Tests, Selbstbeobachtung und zuletzt auch durch das Feedback von Freunden. Schau dir die Informationen an, die du persönlich gesammelt hast und ergänze sie vielleicht noch mit anderen, die du im Laufe deines Lebens identifiziert hast. Schreibe nun die drei Schwächen auf, mit denen du dich am häufigsten selbst sabotierst. Schaue sie dir genau an und überlege, wie du sie durch den Ansatz des konstruktiven Denkens positiv für dich nutzen kannst. Bist du zum Beispiel immer sehr zurückhaltend und stehst nicht gerne im Mittelpunkt? Klar kannst du jetzt versuchen, dich in die sprichwörtliche Rampensau zu verwandeln. Aber: Das wird dich viel Kraft kosten und, weil es entgegen deiner Natur ist, kann es sein, dass dir das nie vollständig

> Aber: Das wird dich viel Kraft kosten und, weil es entgegen deiner Natur ist, kann es sein, dass dir das nie vollständig gelingt.

gelingt. Statt deine Energien damit aufzubrauchen, ist es cleverer, eine andere Sichtweise einzunehmen: Anderen den Vortritt zu überlassen, heißt auch, nicht vorschnell Verantwortung für Aufgaben und Ergebnisse zu übernehmen und so Gefahr zu laufen, von der Karriereleiter zu fallen. Stattdessen gibt dir das den Schutz, deine Arbeit so lange zu vervollkommnen, bis du dich sicher genug fühlst, sie der Welt zu zeigen. Aus meiner Sicht ein echter Pluspunkt und eine wirklich smarte Strategie.

Visualisiere dein Ziel

Die Technik der Visualisierung ist vermutlich so alt wie die Menschheit selbst. Dabei steuern wir ganz bewusst die Kräfte unseres Unterbewusstseins an, damit es uns dabei hilft, unsere Träume zu verwirklichen und unsere Ziele zu erreichen. Wir nutzen die Kraft unserer Fantasie und unserer Vorstellungskraft. Als Kinder sind wir in diesem Bereich alle echte Weltmeister. Doch je älter wir werden und je mehr uns der berüchtigte »Ernst des Lebens« in Beschlag nimmt, umso schneller passiert es, dass unsere Vorstellungskraft brachliegt. Dabei hat die Psychologie längst gezeigt: Visualisierung ist ein echtes Power-Tool, wenn es um erfolgreiches Handeln geht. Kein Wunder, dass sie auch im Leistungssport zum Einsatz kommt und Sportlern dabei hilft, Weltrekorde aufzustellen und Höchstleistungen zu erreichen. Ganz grundsätzlich geht es dabei darum, sich das Erreichen deines Ziels in allen denkbaren Details genau auszumalen.

Nimm zum Beispiel eine Zitrone. Wenn du an eine Zitrone denkst, siehst du sie vermutlich vor dir. Das Bild ist nicht sehr klar und detailreich. Wenn du dir aber jetzt vorstellst, wie die Zitrone schmeckt, wie sie riecht, wie sich ihre Schale anfühlt, wie sich dein

Mund durch die Säure zusammenzieht und wie du emotional auf den Geschmack reagierst, dann wird das Bild immer klarer und deutlicher. Das Beste daran: Es landet direkt in deinem Unterbewusstsein, das von nun an aktiv versuchen wird, dieses Bild Wirklichkeit werden zu lassen. Stelle dir also dein Ziel so genau wie möglich vor, schmücke es detailreich aus und binde alle deine fünf Sinne und deine Emotionen ein. Du wirst überrascht sein, wie gut Visualisierung funktioniert!

Der beste Plan für dein Ziel:

Das SMART–MODELL

Wenn wir nun unser Ziel klar und fest vor Augen haben, geht es jetzt darum, uns den Weg dorthin anzuschauen und uns zu überlegen, ob das Ziel bereits in greifbarer Nähe für uns ist, oder ob wir uns, ganz im Sinne des konstruktiven Denkens, zunächst auf Zwischenziele konzentrieren sollten, um dem großen Ziel näherzukommen. Bei Veränderungsprozessen hat sich das sogenannte SMART-Modell sehr bewährt. Es fußt auf der gut erforschten Goal-Setting-Theorie[43] und eignet sich perfekt, um herauszufinden, ob alle Voraussetzungen für das Erreichen eines Ziels erfüllt sind.

S = spezifisch

Das Ziel ist so exakt und präzise wie möglich definiert.

M = messbar

Das Erreichen des Ziels sowie die Schritte dorthin müssen messbar sein. Am deutlichsten ist das beim Abnehmen: Die Waage zeigt dir, ob du auf dem richtigen Weg bist.

A = attraktiv

Das Ziel muss über genug Anziehungskraft verfügen, um dich auch bei Schwierigkeiten, Rückschlägen oder Durststrecken weiter zu motivieren.

R = realistisch

Das Ziel muss realistisch sein. Die Vorstellung, eines Tages einen Spaziergang auf dem Mond zu machen, ist zwar schön, aber für die wenigsten von uns realistisch. Deshalb auf Ziele konzentrieren, die du mit genügend Willenskraft auch erreichen kannst.

T = time-bound

Time-bound, zu Deutsch zeitlich eingrenzbar: Ich wette, du hasst Deadlines ebenso wie ich, doch um ein Ziel zu erreichen, ist es sinnvoll, sich einen Zeitrahmen zu setzen, innerhalb dessen das Ziel zumindest in greifbare Nähe gerückt ist. Ansonsten ist es sinnvoll, sich ein anderes, besser erreichbareres Ziel zu suchen, um keine Ressourcen zu verschwenden.

In vier Schritten zu deiner Strategie

Strategien sind so unterschiedlich, wie die Menschen, die sie einsetzen. Dennoch gibt es vier grundlegende Schritte, die dabei helfen, eine Strategie zu entwickeln.

1. Sammeln

Notiere alle Schritte, die für das Erreichen deines Ziels notwendig sind und definiere mindestens drei Zwischenziele. Bei diesem Schritt kommt es nicht darauf an, den ersten Schritt zuerst aufzuschreiben, sondern einfach alles festzuhalten, was du tun musst, um dein Ziel zu erreichen. Diese Liste wird sich erst nach und nach vervollständigen, versuche also nicht, sie mit einem Mal zu schreiben.

2. Sortieren

Hierarchisiere die Schritte und Etappenziele anschlie-ßend zeitlich und nach Priorität. Was muss zuerst geschehen? Gibt es zeitkritische Schritte? Was ist wich-tig, was ist eher »nice to have«?

Mein Tipp: Ich arbeite gerne mit vielen bunten Farben, Stickern und sonstigen Gimmicks, die ich auf einer großen Tafel oder meinem Whiteboard immer wieder neu anordne.

3. Prüfen

Betrachte jetzt, ob du alles, was du für die Umsetzung der einzelnen Schritte brauchst, vorliegen hast oder dir beschaffen kannst. Markiere die Schritte, wo du zum Beispiel auf andere angewiesen bist oder wo es noch Ungenauigkeiten gibt, um sie später noch zu definieren.

4. Umsetzen

Keine Strategie und sei sie noch so ausgefeilt, kann alle Optionen berücksichtigen. Deshalb ist irgendwann der Moment gekommen, an dem du einfach loslegen musst. Wenn dein »Warum« klar ist und deine Strategie flexibel genug, dann kannst du sie unterwegs anpassen. Schau dir bei jedem Etappenziel an, ob du etwas an deiner Strategie ändern musst und habe durchaus mal Mut zur Lücke – nichts lässt sich zu 100 Prozent planen!

ToDo

DEFINIERE
DEIN
WARUM!

Nimm dir Zeit und notiere in nur einem einzigen
Satz dein persönliches »Warum«. Du kannst gerne
damit anfangen, alle möglichen Begriffe aufzuzählen,
doch versuche, diese immer konkreter und knapper
zusammenzufassen, bis du eine sehr prägnante
Aussage hast. Lies sie dir in den kommenden
Tagen immer wieder durch und korrigiere
sie gegebenenfalls.

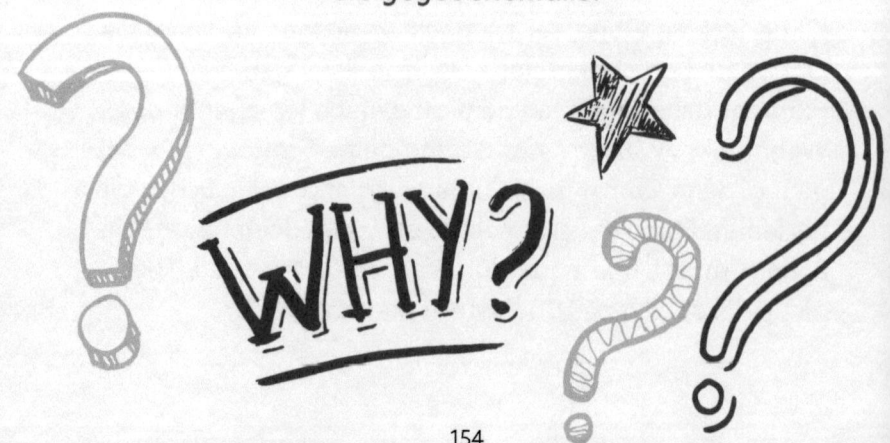

Schreibe sie großflächig auf und hänge
sie überall dorthin, wo du an deinen Zielen
arbeitest – Zuhause, im Büro, wo auch immer.
Sie werden oder es wird dich motivieren,
auch die Durststrecken beim Erreichen
deiner Ziele durchzuhalten.

Denn: Wer das »Warum« kennt,
der bewältigt auch das »Wie«.

**Ich wünsche dir ganz viel Erfolg
bei dieser Übung!**

*Extra
(kostenpflichtig):*

Hast du nach dem Lesen dieses Kapitels Lust,
noch mehr über effektive Planung und die
richtige Strategie zu erfahren? Dann melde
dich jetzt auf **www.christinehoeft.de** zum
nächsten **»EMOTIONIZE® ME Power day«** an
und lerne gemeinsam mit mir, wie die optimale
Strategie zum Erreichen deines Zieles aussieht
und wie du sie erfolgreich anwendest.
Ich freue mich auf dich!

AUSSEN

Handeln

Nimm es an!
#bebrave

Lass es los!
#bedifferent

Wach auf!
#becurious

Mach das Glück zur Gewohnheit!
#behappy

Bleib dran!
#beconsistent

Pack es an!
#beready

Denken

**Entfessele
deine Power!**
#bewild

**Denke dich
glücklich!**
#bepositive

**Schmiede
einen Plan!**
#besmart

Sei dankbar!
#bewow

**Schau in
deine Zukunft!**
#beyou

**Fühle
deine Stärke!**
#beproud

Denke dich glücklich!

#bepositive

Sei
positiv,
um
Positives
zu
erleben

Today I am a hero

smile

Denke dich glücklich!
#bepositive

In gewisser Weise bin ich ein Glückskind. Ich bin nämlich mit einer schier unerschütterlichen positiven Grundhaltung auf die Welt gekommen. Selbst in den absurdesten Situationen finde ich noch etwas Positives. Allerdings ist das mit dem positiven Denken so eine Sache. Man muss es trainieren, sonst verliert man es. Die negativen Erfahrungen, die ich im Laufe meines Lebens gemacht habe – die wir alle in unseren Leben machen – haben dazu geführt, dass ich mein positives Denken aufgab und lieber in Katastrophen und Problemen dachte. Die Folge? Natürlich traten diese auch alle ein. Stück für Stück habe ich mir das positive

Denken zurückerobert und in den letzten Jahren intensiviert – mit durchschlagender Wirkung. In den letzten beiden Jahren habe ich mehr erreicht, als ich mir noch vor fünf Jahren hätte träumen lassen. Das positive Denken ist wie ein Muskel, den wir aktiv nutzen und trainieren müssen, damit es uns unseren Zielen näherbringt.

Denke positiv – und die Welt gehört dir!

Wie wir im Zusammenhang mit konstruktivem Denken gesehen haben, ist positives Denken kein Allheilmittel, mit dem du Sorgen und Probleme einfach mit Glitzer bestreust. Jedem von uns passieren Dinge, die lästig, schmerzhaft und frustrierend sind und da hilft es nicht, sie einfach rosa anzumalen und ihren Kern zu ignorieren. Positives Denken zielt vielmehr darauf ab, dein Unterbewusstsein mit vielen positiven Impulsen zu versorgen, damit es für dich genau die Welt erschafft, die du dir wünschst. Je positiver dein Unterbewusstsein gestimmt ist, umso besser ist das, was in dein Leben tritt und dich erwartet. Um zu verstehen, wie positives Denken funktioniert, ist es hilfreich, sich erst einmal anzuschauen, was eine negative Grundhaltung mit uns macht: Wer viel jammert und immer vom schlimmsten ausgeht, der hat höheren Blutdruck, mehr Stress, ist eine Belastung für die Menschen in seinem Umfeld, schläft schlechter, wird häufiger krank und verzeichnet weniger Erfolge. Die Gefahr für Ängste und Depressionen wächst. Wer ständig denkt: »Das schaffe ich ohnehin nicht«, der sorgt dafür, dass sich sowohl sein Geist als auch sein Körper genauso verhalten, dass ihm das Erreichen seiner Ziele verwehrt bleibt. Menschen hingegen, denen es gelingt, sich auch in schwierigen Situationen positive Aspekte in das Bewusstsein zu rufen, haben eine sehr viel höhere psychische Widerstandskraft – Stichwort Resilienz – die wir bereits in den vorangegangenen Kapiteln kennengelernt haben.

Lass das Licht in deinen Träumen tanzen!

Positives Denken heißt nicht, angesichts von Problemen die Augen zu verschließen und an etwas Schönes zu denken, wie es einige der Kritiker des positiven Denkens unzulässig verkürzen. Wenn du ein Problem vor dir hast, dann hilft es nicht, ein wenig Konfetti darüber zu streuen und es ansonsten zu ignorieren. Niemand findet ein Problem toll oder begrüßt es, das wäre definitiv zu viel verlangt und auch nicht zielführend.

Stattdessen ist ausschlaggebend, dass du darauf vertraust, dass du einen Weg finden wirst, dieses Problem zufriedenstellend zu lösen und dich nicht mit negativen Erwartungen zusätzlich unter Stress setzt.

Mach dich frei vom Gift negativer Gedanken!

Anders ausgedrückt: Wenn du vor einem Problem stehst und dich ständig die Angst begleitet, es nicht bewältigen zu können, dann schüttet dein Gehirn jede Menge Stresshormone aus, die Gift für deinen Körper sind, aber auch für deinen Geist.

Du kannst nicht mehr entspannt nachdenken, du schläfst schlecht, deine Entscheidungen werden von Angst gesteuert. Keine guten Voraussetzungen, um ein Problem zu lösen. Gehst du aber mit Zuversicht an die Sache und vertraust darauf, eine Lösung zu finden, so hast du zwar das Problem selbst noch nicht geknackt, aber du sorgst dafür, dass dein Geist und dein Körper in dieser anstrengenden Phase mit guten Impulsen versorgt werden und du ihre ganzen Ressourcen ausschöpfen kannst. Das macht es automatisch sehr viel wahrscheinlicher, dass du das Problem auch am Ende wirklich löst.[44]

Die drei Säulen positiven Denkens

Wie gelingt es uns, positives Denken als Praxis in unseren Alltag zu integrieren? Im Folgenden liste ich dir die effektivsten Tools auf, um langfristig eine positive Einstellung zu bewahren:

1. Meditation

Neben den vielen körperlichen Vorteilen ist Meditation auch gut für deinen Geist. Du kommst zur Ruhe, du lernst, die Situation so anzunehmen, wie sie ist und gibst deinem Unterbewusstsein die Gelegenheit, mit neuen, kreativen Gedanken und Lösungen an die Oberfläche zu treten.

2. Dankbarkeit

Mit Dankbarkeit machen wir uns bewusst, dass es auch in den schwierigsten Situationen Aspekte unseres Lebens gibt, die positiv sind und für die wir dankbar sein können: gute Freunde, starke Gesundheit, unsere

Familie, ein Hobby, eine besondere Fähigkeit. Auf diese Weise verhindern wir, dass das Problem unser ganzes Leben überschattet und lenken unseren Fokus auf unsere Stärken statt auf unsere Defizite.

3. Tätigkeiten, die uns Spaß machen

Klar, Arbeit macht Spaß. Aber wir leben in einer Zeit, in der der Übergang zum Workaholic schneller geht, als gedacht. Um uns leistungsfähig, positiv und gesund zu halten, sollten wir regelmäßig Dinge tun, die uns Spaß machen und uns mit positiver Energie versorgen. Das kann ein Hobby sein, ein Schaumbad oder das Lesen eines guten Buches – finde heraus, was du gerne machst und genieße es in vollen Zügen.[45]

Das sagt die Wissenschaft:
Das Geheimnis der Spiegelneuronen

Das kennst du sicher: Jemand gähnt und du kannst nicht anders, als auch zu gähnen. Der Grund dafür sind sogenannte Spiegelneuronen, die die Wissenschaft erst vor Kurzem entdeckt hat. Dabei stellten sie fest, dass in unserem Gehirn die gleichen Areale aktiv werden, wenn wir eine Tätigkeit selbst ausführen und wenn wir nur zusehen, wie ein anderer sie macht. Die Wurzeln dafür führen weit zurück in die Geschichte: Spiegelneuronen führten dazu, dass unsere Vorfahren erfolgreiches Handeln, etwa bei der Jagd oder der Benutzung eines Werkzeugs, schnell voneinander lernen konnten. Säuglinge »spiegeln« durch die Spiegelneuronen das Verhalten ihrer Eltern und orientieren sich daran. Wenn wir erwachsen werden, sorgen die Spiegelneuronen dafür, dass wir uns in unbekannten Situationen schnell orientieren, indem wir unbewusst das Verhalten anderer imitieren, etwa wenn wir an einem fremden Bahnhof aussteigen und nicht wissen, wo der Ausgang ist. Für dein Mindset bedeutet das zwei Dinge: Zum einen unterstützt es deinen positiven Flow, wenn du dich mit positiven und glücklichen Menschen umgibst. Dank der Spiegelneuronen ist deren Einstellung nämlich ansteckend. Zum anderen kannst du das Geheimnis der Spiegelneuronen auch nutzen, um positives Feedback von anderen zu erhalten: Wer lächelt und freundlich ist, dem treten andere ebenfalls lächelnd und freundlich gegenüber.[46]

Du bist, womit du dich umgibst

Im übertragenen Sinne zeigt die Entdeckung der Spiegelneuronen, dass das Gesetz der Anziehung tatsächlich funktioniert. Und genau das kannst du zu deinem Vorteil einsetzen:

Alles um dich herum, deine Wohnung, dein Kleiderschrank, dein Auto, dein Freundeskreis, deine Vorlieben spiegeln dich. Jemand, der nicht in der Lage ist, sein Chaos zu Hause zu bändigen, der wird auch in anderen Zusammenhängen immer wieder in chaotische Situationen geraten. Oft ist uns gar nicht bewusst, wie viele Reize von unserer Umgebung an unser Unterbewusstsein übermittelt werden und es beeinflussen. Dazu gehören Farben, Gerüche, Licht, Geräusche und alles, was unsere Gefühle und Erinnerungen anregt. Manchmal halten wir auf diese Weise unbewusst an Dingen fest, die unser Unterbewusstsein mit negativen Erfahrungen verknüpft, das Kleid zum Beispiel, das wir anhatten, als wir die Treppe herunterfielen, ist für unser Unterbewusstsein ungut besetzt. Besser aussortieren und sich ein neues kaufen.

Was wir tragen, kaufen, essen und wie wir unsere Umgebung gestalten, sendet Botschaften an unser Unterbewusstsein. Wenn du auf der Suche nach der großen Liebe bist, aber jeden Tag lieber zu den bequemen Baumwollschlüpfern greifst statt zur sexy Unterwäsche, dann machst du damit klar, dass du gar nicht damit rechnest, dich könnte jemand im verführerischen Sinne nackt sehen. Damit verbaust du dir die Chance, dass dein Traum Wirklichkeit wird. Um dein positives Mindset zu stärken, kannst du dir in deiner Umgebung lauter positive Ankerpunkte setzen, die unablässig gute Impulse an dein Unterbewusstsein senden. Gegenstände, die deine Ziele symbolisieren oder die du mit schönen Erinnerungen verknüpfst, helfen dir, deine Aufmerksamkeit immer wieder auf die positiven Dinge zu lenken. Statte deine Wohnung und deinen Arbeitsplatz so aus, dass du dich richtig wohl fühlst und bei jedem Blick einen positiven Impuls erhältst. Du wirst verblüfft sein, wie sehr sich dein Alltag verändert.[47]

Symbole haben die Macht, deine Welt zu verändern

Als der Psychologe Carl Gustav Jung Anfang des 20. Jahrhunderts seine Theorie zu Symbolen entwickelte, steckte die moderne Werbepsychologie noch in den Kinderschuhen. Heute werden wir jeden Tag mit einer überwältigenden Menge an Symbolen bombardiert. Sie zielen direkt auf unser Unterbewusstsein, denn Symbole sind so alt wie die Menschheit. Man denke nur an die ersten Höhlenmalereien, die Hieroglyphen der Maya und Ägypter oder heutige Werbelogos. Mit Symbolen verknüpfen wir Emotionen, Erinnerungen und andere Informationen. Genau deshalb sind sie so mächtig. Jung ging davon aus, dass Symbole ein Weg der direkten Kommunikation mit unserem Unterbewusstsein sind. Deshalb zeigen sich in unseren Träumen auch Symbole, die Nachrichten unseres Unterbewusstseins sind. Die Symbole ergeben sich aus unserem kollektiven Unterbewusstsein. Das bedeutet, dass wir sozusagen mit einem Reservoir an Symbolen auf die Welt kommen, ohne sie aktiv gelernt zu haben.[48] Das unterscheidet Jungs Ansatz von Freuds Theorie zu Träumen und Symbolen. Es lohnt sich also, auf Symbole zu achten und diese positiv einzusetzen. Ein Kleeblatt oder ein Fliegenpilz sind zum Beispiel Glückssymbole. Verstecke einige davon in deiner Umgebung, damit sie immer wieder kleine Glücksbotschaften an dein Unterbewusstsein senden. Es funktioniert, versprochen!

Versinnbildlicht:
Durchbrich den Kreislauf des negativen Denkens!

Unsere Gedanken
und unsere
Gefühle formen
den Strom unseres
Bewusstseins

Bildlich kannst du dir das so vorstellen: Du siehst etwas, das dich vielleicht sogar nur unbewusst an etwas Negatives erinnert. Du versuchst zwar, den Gedanken zu verdrängen, doch der Gedanke löst ein Gefühl aus, auf das wieder ein Gedanke folgt.

Schlimmer noch: Möglicherweise denkst du sogar aktiv über das Negative nach und beschwörst so regelrecht negative Gefühle, die wiederum weitere negative Gedanken nach sich ziehen. Hinzu kommt das Gesetz der Anziehung: Ab jetzt sendest du negative Impulse aus, die zu dir zurückkommen. Der Autor Deepak Chopra[49] nennt das auch den »Kreislauf des Leids« und ich finde das sehr passend. Negative Gedanken zu verdrängen, ist keine sonderlich erfolgreiche Methode, um mit ihnen umzugehen. Stattdessen geht es darum, den Kreislauf des negativen Denkens zu durchbrechen, indem du einen Impuls für einen positiven Gedanken oder ein positives Gefühl setzt und deine Aufmerksamkeit weg von dem Negativen lenkst.

ToDo

....

POSE
DICH
GLÜCKLICH!

....

Als ich das erste Mal von »Power-Posen«[50]
hörte, war ich sofort fasziniert.
Die Harvard Professorin Amy Cuddy
untersuchte für ihr Buch die Posen,
die erfolgreiche Menschen einnehmen:
US-Präsidenten, erfolgreiche
Unternehmer und Prominente.

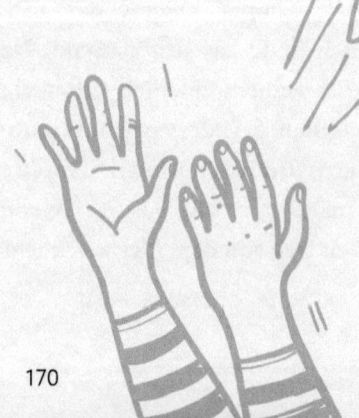

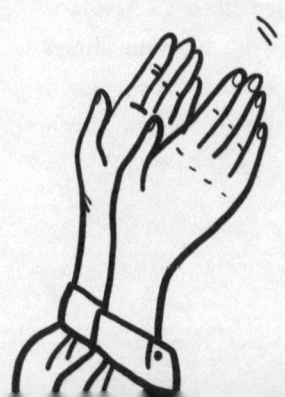

Daraus leitete sie sogenannte »Power-Posen«[50] ab, die unser Wohlbefinden in herausfordernden Situationen stärken und unsere Position verbessern. So gibt es klare Siegerposen, aber auch Körperhaltungen, mit denen wir Selbstvertrauen und Stärke demonstrieren.

Probiere es doch einfach aus – mit der Pose, die Amy Cuddy »Wunderfrau« nennt: Stell deine Beine hüftbreit auf und stemme deine Hände in deine Hüften.

Lass auf dich wirken, wie sich deine Wahrnehmung und deine innere Einstellung durch die Pose verändern!

Großartig nicht wahr?

AUSSEN

Handeln

Nimm es an!
#bebrave

Wach auf!
#becurious

Lass es los!
#bedifferent

**Mach das
Glück zur
Gewohnheit!**
#behappy

Bleib dran!
#beconsistent

Pack es an!
#beready

Denken

**Entfessele
deine Power!**
#bewild

**Denke dich
glücklich!**
#bepositive

**Schmiede
einen Plan!**
#besmart

Sei dankbar!
#bewow

**Schau in
deine Zukunft!**
#beyou

**Fühle
deine Stärke!**
#beproud

Entfessele
deine Power!
#bewild

Sei wild
und entdecke
deine inneren
Urkräfte, um das
Unmögliche
zu erreichen

Today I am unstoppable

Entfessele deine Power!
#bewild

Motivationsprobleme? Ich? Als Motivationsbombe? Tatsache ist: Auch ich kenne richtige fiese Motivationslöcher, in denen ich meinen Flow verliere. Dann wird auf einmal alles anstrengend und nichts scheint mehr zu funktionieren. Bestimmt kennst du solche Tage: Ganz gleich, was du tust, nichts will gelingen und du ertappst dich bei der Frage, warum du dich überhaupt anstrengst. »Nutzt doch ohnehin alles nichts!«, denkst du vielleicht. Was sich in einem solchen Moment bei dir meldet, ist dein altes Ich, das Ego, das du verändern und aus der Komfortzone locken möchtest. Natürlich will es das nicht und wehrt sich und es wartet auf einen Moment, an dem du angeschlagen bist. Möglicherweise hast du nicht gut geschlafen, leidest an einer Erkältung oder hast gerade einen Rückschlag erlitten. Genau auf diese Gelegenheiten wartet dein altes Ich und versucht, alles wieder exakt so zu arrangieren, wie es schon immer war. Und das hat durchaus etwas Verführerisches, vielleicht warst du damals nicht immer glücklich und in Kontakt mit dir und deinen Gefühlen, aber immerhin ist das die Welt, die dir vertraut ist und in der du dich auskennst.

Jenseits dieser Komfortzone
liegt das große Unbekannte,
dein neues Leben, mit so vielen
Möglichkeiten, dass einem
leicht schwindelig wird.

Dein persönliches Abenteuer ruft dich

Man kann es auch so formulieren: Dein altes Ich will dich beschützen, doch es hindert dich auch daran, wirklich du selbst zu sein. Es besteht aus all den Glaubenssätzen, Erfahrungen und Prägungen, die du bisher in deinem Leben erfahren hast – aber das bist nicht du! Wer du wirklich bist, jenseits von deinem Besitz, deiner Stellung, deinen Erinnerungen, das findest du erst heraus, wenn du deiner inneren Stimme gut zuhörst, die sich immer lauter und deutlicher aus der Quelle deiner Emotionen speist. Lass dich von

Dein altes Ich will dich beschützen, doch es hindert dich auch daran, wirklich du selbst zu sein.

deinem alten Ich und eventuellen Durchhängern nicht von deinem Weg abbringen. Ich zum Beispiel habe mir einen ganzen Koffer mit lauter Sachen zusammengestellt, die mir helfen, wieder in meinen Flow zu kommen. Zum Beispiel erinnere ich mich dann daran, weshalb ich mich überhaupt für meinen Weg entschieden habe und zu meiner Reise aufgebrochen bin. Wenn sich mein innerer Schweinehund meldet, bevor ich überhaupt mit einem neuen Projekt loslege, dann gehe ich der Ursache dafür auf den Grund. Zweifle ich möglicherweise an meinen Fähigkeiten? Scheue ich den Aufwand und die Arbeit? Oder gibt es etwas anderes, das mich daran hindert?

Hast du die richtigen Tools in deinem Motivationskoffer?

Wenn ich richtig down bin, dann sorge ich dafür, dass ich mich wieder wohlfühle: Ich lasse mir ein heißes Bad ein, esse etwas Leckeres und telefonieren mit Menschen, die mir guttun und meine Motivationsakkus wieder aufladen.

Während du das liest, denkst du vermutlich, dass das doch alles selbstverständlich ist, doch der Hintergrund ist ernst: Jeder von uns entwickelt im Laufe seines Lebens Strategien, um mit Stress, Durchhängern und Motivationsschwierigkeiten umzugehen. Meistens tun wir das ganz unbewusst und einige von diesen Strategien sind durchaus effektiv. Doch sie können auch gefährlich werden und sich in ihr Gegenteil verkehren, wenn sie unsere Pläne sabotieren. Dazu gehören zum Beispiel Alkohol, Rauchen, übermäßiges Essen, exzessives Shoppen oder andere Wege, um »mal Dampf ab zu lassen«, machen uns möglicherweise kurzfristig glücklich, auf lange Sicht aber schaden sie uns und halten uns davon ab, unsere Ziele zu erreichen. Deshalb ist es sinnvoll, sich die eigenen Strategien genau anzuschauen, ob sie ihren Zweck noch erfüllen, oder ob wir sie gegen andere austauschen: einen langen Spaziergang, ein Hörbuch, eine Meditationsübung. In dem To-Do für dieses Kapitel findest du noch viele weitere Tipps, was du alles in deinen Motivationskoffer packen kannst.

Motivation ist Bewegung

Das Wort »Motivation« kommt wie die »Emotion« von dem lateinischen Wort »movere« – bewegen. Die Motivation setzt uns in Bewegung, ohne Motivation kann unser Willen noch so entschlossen, unsere Strategie noch so gut sein, wir sind nicht in der Lage, die notwendigen Schritte zu gehen.

Motivation
entsteht
entlang unserer
Bedürfnisse.

Unsere Bedürfnisse wiederum gliedern sich in eine Pyramide. Die wichtigsten Bedürfnisse sind Essen, Schlaf und Sicherheit, dann folgen Bedürfnisse wie Selbstverwirklichung, Selbstbestimmung und andere. Wir sind am motiviertesten, wenn möglichst viele unserer Bedürfnisse erfüllt sind bzw. deren Erfüllung in greifbare Nähe rückt.

Extrinsische und intrinsische Motivation

Motivationspsychologen unterscheiden zusätzlich zwischen extrinsischer und intrinsischer Motivation. Extrinsische Motivationsfaktoren sind alle, die uns von außen stimulieren – Geld, Status, aber auch Angst, Druck und andere für die Arbeitswelt typische Stimuli.

Intrinsische Motivation kommt von innen, aus uns selbst heraus. Sie entsteht aus der Neugier, etwas Neues zu lernen, dem Wunsch, kreativ zu werden oder etwas Sinnvolles zu tun. Forscher haben herausgefunden, dass die Wirkkraft extrinsischer Motivation begrenzt ist – ein dicker Bonus fungiert nur kurz als Anreiz für eine Tätigkeit, die uns ansonsten überhaupt nicht interessiert. Auch die Angst vor einer Strafe zeigt nur wenig Wirkung. Intrinsische Motivation hingegen bringt uns in unseren Flow und damit auf den Gipfel unserer Leistungsfähigkeit. Um sie in Gang zu setzen, benötigen wir das Wissen, dass wir einen gewissen Freiraum bei der Gestaltung der Aufgabe haben und dass sie bedeutsam ist. Dann können wir sowohl mit Misserfolgen und Rückschlägen als auch mit Kritik besser umgehen. Unsere Berufswelt ist bis heute vor allem an extrinsischer Motivation (Gehalt, Karriere, Bonus etc.) ausgerichtet, statt an intrinsischer. Das liegt auch daran, dass nun einmal nicht alle Tätigkeiten einen tieferen Sinn haben, uns Gestaltungsfreiheit und Möglichkeiten zur Selbstbestimmung geben. Trotzdem zeichnet sich in der Arbeitswelt Stück für Stück ein Wandel ab und immer mehr Arbeitgeber setzen zusätzlich auch auf intrinsische Motivation. Das Problem ist nämlich, dass extrinsische Motivation auf Dauer jeden intrinsischen Impuls zerstört. Man nennt das auch »korrumpierenden Effekt«, weil man festgestellt hat, dass extrinsische Impulse wie Geld jede innere Motivation zerstören können. Wenn unsere Motivation von innen kommt, dann haben wir das

Gefühl, selbstbestimmt zu handeln und einen tieferen Sinn in unserer Tätigkeit zu sehen. Damit sind wir unabhängig von äußeren Stimuli und das macht einen erfolgreichen Abschluss sehr viel wahrscheinlicher.

Motivation kommt und geht

Das Problem: Ohne Motivation geht uns auf dem Weg zu unserem Ziel unterwegs die Luft aus. Deshalb ist für eine erfolgreiche Umsetzung eine Motivationsstrategie unerlässlich. Hinzu kommt:

Motivation kommt und geht in Wellenform.

Auch wenn wir voll motiviert mit Fokus auf die Zielgerade starten, werden wir unterwegs Durchhänger erleben. Die Gründe können ganz unterschiedlich sein, zum Beispiel weil uns eine Erkältung Kraft raubt, uns in einem anderen Lebensbereich Sorgen und Ängste plagen oder weil es nicht so schnell vorangeht, wie wir es uns vorstellen. Außerdem braucht jede neue Idee eine gewisse Zeit, um in unserem Unterbewusstsein zu »reifen«. Es macht deshalb Sinn, nach der Festlegung deiner Strategie erst einmal eine Pause einzulegen, bis dein Unterbewusstsein dir ganz von selbst den Impuls sendet, jetzt mit der Umsetzung zu beginnen.

Selbstbestimmung und Motivation

Die Selbstbestimmungstheorie von Deci und Ryan haben wir in Kapitel 5 »Potenzial« kennengelernt, als es um deine Stärken ging. Auch für unsere Motivation spielt sie eine entscheidende Rolle. Dabei wird zwischen externer, introjizierter, identifizierter und integrierter Motivation unterschieden. Externe Motivation ist die Angst vor Strafe, introjizierte zum Beispiel die Vermeidung von Schuldgefühlen oder eine Stärkung des Selbstwertgefühls – beides gehört in den Bereich der extrinsischen Motivation. Identifizierte Motivationsfaktoren sind, wenn wir eine Aufgabe als wertvoll für uns oder unsere Ziele betrachten. Hier bewegen wir uns im Bereich der intrinsischen Motivation. Integrierte Motivation bedeutet, wenn wir so von dem Sinn und dem Wert einer Aufgabe überzeugt sind, dass wir sie in jedem Fall zu Ende bringen.

Wie schon bei den Stärken kommt es darauf an, wie sehr unsere psychologischen Grundbedürfnisse von Autonomie, Kompetenz und sozialer Eingebundenheit erfüllt werden. Unter Kompetenz verstehen wir den Einfluss, den wir auf unsere Rolle in Bezug auf die Aufgabe einnehmen, unter Autonomie den Grad unserer Selbstbestimmung und unter sozialer Eingebundenheit die Sinnstiftung bzw. die Wertschätzung und Anerkennung, die uns von anderen entgegengebracht wird.

Finde deinen Flow

Alle reden vom »Flow« – doch weißt du, was das ist? Wenn du in deinem Flow bist, dann vergisst du alles um dich herum und bist voll und ganz auf dein Ziel konzentriert. Neue Ideen sprudeln nur so aus dir heraus und alles, was du anpackst, gelingt. Aber wie erreicht man diesen traumhaften Zustand, in dem uns echte Höchstleistungen gelingen? Flow entsteht im Spannungsfeld zwischen Anforderung und Fähigkeit. Wenn wir uns bereit für die Herausforderung fühlen und darauf vertrauen, dass sie gelingt, gleichzeitig aber auch akzeptieren, dass es auf dem Weg dorthin einige Klippen zu umschiffen gibt, dann befinden wir uns schon ganz in der Nähe unseres Flows. Dieser äußert sich auch körperlich: Der Körper wird ganz entspannt, der Herzschlag verlangsamt sich, die Atmung wird ruhig – ähnlich wie bei einer Meditation.

Folgende Aspekte definierte der Glücksforscher Mihály
Csíkszentmihályi bereits 1975 als entscheidend für den Flow[51,52]:

Eins mit
der Aufgabe

Du gehst ganz und gar in deiner Tätigkeit auf,
Handeln und Bewusstsein werden eins.

Fokus

Deine ganze Aufmerksamkeit ist
auf deine Tätigkeit fokussiert.

Die Welt
verschwindet

Du vergisst alles um dich herum, nichts kann dich aus
deiner Konzentration reißen oder dich ablenken.

Du sitzt
im Cockpit

Du hast die Kontrolle, obwohl du weißt,
dass auch vieles schiefgehen kann.

Du kennst deine Route

5

Die Anforderungen sind klar, du kennst die einzelnen Schritte deiner Aufgabe.

In dir sprudelt eine Quelle, die nie versiegt

6

Deine Motivation kommt nur von innen.

Jenseits von Zeit und Raum

7

Die Zeit vergeht, ohne, dass du es bemerkst.

Forscher betonen außerdem, dass Flow immer etwas Spielerisches hat. Sicher hast du schon einmal ein Kind beobachtet, dass völlig selbstversunken spielt – genauso sieht Flow aus.

Das sagt die Wissenschaft:
Warum wir unser Gehirn nicht ständig glücklich machen sollten

Unser Gehirn ist der beste Partner, den man sich vorstellen kann. Permanent ist es damit beschäftigt, für uns Vorannahmen anhand vorangegangener Erfahrungen zu treffen und Unwichtiges aus unserer Wahrnehmung zu filtern. Mehr noch: Füttern wir es mit den richtigen Botschaften, Substanzen oder Botenstoffen, dann belohnt es uns mit Glücksgefühlen. Manchmal reicht dazu schon ein Stück Schokolade. Der amerikanische Wissenschaftsjournalist David DiSalvo hat ein Buch darüber geschrieben, warum es manchmal ratsam ist, nicht jede schnelle Lösung anzunehmen, die unser Gehirn uns bietet. Um uns zu entlasten, sorgt es dafür, dass wir Situationen und Menschen vorschnell in Schubladen stecken und falsche Einschätzungen vornehmen – eine klassische kognitive Verzerrung. Statt auf eine schnelle Belohnung in Form von Glücksgefühlen aus zu sein, oder allzu leichtfertig die Einschätzung unseres Gehirns zu übernehmen, lädt er dazu ein, die Informationen, die uns unser Gehirn bezüglich einer Situation vorschlägt, kritisch zu überprüfen. Oft wissen wir zu diesem Zeitpunkt noch gar nicht genug über eine Situation, um sie angemessen beurteilen zu können. Der Grund liegt auf der Hand: Unsere Welt ist viel komplexer und schnelllebiger als die der steinzeitlichen Jäger und genau aus dieser Epoche stammt die freundliche Dienstleistung unseres Gehirns. Ganz besonders gilt das für Situationen, in denen wir vorschnell zu dem Ergebnis kommen »Das bringt ja alles nichts« oder »Heute geht aber auch alles schief« oder auch »Bei mir funktioniert das nicht«. Lieber noch einmal genau hinsehen, bevor wir uns von unserem voreiligen Gehirn die Motivation klauen lassen.[53]

Versinnbildlicht:
Motivation ist wichtiger als Know-how

Der französische Schriftsteller Antoine de Saint-Exupéry ist berühmt für sein Buch »Der kleine Prinz«. Allerdings hat er noch viele weitere Bücher geschrieben und aus einem von ihnen stammt mein Lieblingsbild zum Thema Motivation.

»Wenn Du ein Schiff
bauen willst,
dann trommle nicht
Männer zusammen,
um Holz zu beschaffen,
Aufgaben zu vergeben
und die Arbeit einzuteilen,
sondern lehre die Männer
die Sehnsucht nach dem
weiten, endlosen Meer.«

Antoine de Saint-Exupéry

Vergiss nicht: Dein »Warum« ist wichtiger als dein »Wie« (auch wenn du natürlich trotzdem die Organisation und die Arbeit erledigen musst). Entscheidend ist, wenn du in der Lage bist, tief in dir die Stimme zu hören, die dich vorwärtstreibt, deiner Vision, deinem Ziel entgegen, dann wirst du alle Hürden und Rückschläge überwinden, die auf dem Weg dorthin auftauchen.

ToDo

PACKE DEINEN MOTIVATIONSKOFFER!

Um für die unvermeidlichen Durchhänger bestens aufgestellt zu sein, bereite dich mit deinem persönlichen Motivationskoffer vor. In diesem Koffer befinden sich lauter Sachen, die dir helfen, weiterzumachen.[54] Meine (unvollständige) Liste soll dich inspirieren, um dir deine ganz individuellen Motivationsbooster zu erstellen:

Vor der Spannung kommt die Entspannung:

Je entspannter du bist, bevor du eine Sache angehst, umso länger hält deine Motivation. Ein Besuch in der Sauna ist also kein schlechter Start für dein Projekt. Vor einem großen Projekt darf es auch gern ein richtiger Faulenzer-Urlaub sein. Der ist übrigens auch gut für deine Inspiration – Stichwort Flow!

Ein fitter Geist braucht einen fitten Körper:

Achte auf genügend Schlaf, gesundes Essen und sportlichen Ausgleich, um bei der Stange zu bleiben.

Musik bringt dich auf Touren:

Stell dir eine Playlist mit deinen Lieblingsmotivationssongs zusammen.

Lege neue Etappenziele fest:

Kürzere Strecken lassen sich besser durchhalten als lange. Belohne dich, sobald du ein Etappenziel erreicht hast.

Bleib verspielt:

Flow und Spiel gehören eng zusammen. Denk also darüber nach, welche Teile deiner Arbeit du in etwas Spielerisches verwandeln kannst.

Setz auf gutes Equipment:

Kauf dir einen schönen Stift oder ein tolles Notizbuch. Das wird dich zusätzlich anspornen.

Extra: Für deine Extraportion Motivation melde dich noch heute bei der »EMOTIONIZE® ME« Online-Akademie an und starte mit dem »EMOTIONIZE® ME« Kurs in dein neues Leben. Bist du bereit? Ich freue mich auf dich!

AUSSEN

Handeln

Nimm es an!
#bebrave

Lass es los!
#bedifferent

Wach auf!
#becurious

Mach das Glück zur Gewohnheit!
#behappy

Bleib dran!
#beconsistent

Pack es an!
#beready

Denken

**Entfessele
deine Power!**
#bewild

**Denke dich
glücklich!**
#bepositive

**Schmiede
einen Plan!**
#besmart

Sei dankbar!
#bewow

**Schau in
deine Zukunft!**
#beyou

**Fühle
deine Stärke!**
#beproud

10

Pack es an!
#beready

Sei bereit
für dein
Glück
und
ergreife
deine
Chancen

MINDSET

Today I am successful

Pack es an!
#beready

Glück ist eine flüchtige Angelegenheit, das wussten schon die alten Philosophen. Deshalb kommt es, um glücklich zu sein, nicht nur darauf an, Pläne zu schmieden und Visionen zu entwickeln, sondern auch das Glück »beim Schopfe zu packen«, wenn es in dein Leben stolpert, wie der Volksmund sagt. Der richtige Moment entscheidet, ob du die Weichen für ein neues, besseres Leben stellen kannst. Dann gilt es, mutig zu sein und deine Chancen zu ergreifen.

> Der richtige Moment entscheidet, ob du die Weichen für ein neues, besseres Leben stellen kannst. Dann gilt es, mutig zu sein und deine Chancen zu ergreifen.

Als ich kurz nach meinem 30. Geburtstag feststellte, dass sich da das ein oder andere Fettpölsterchen unter meine Kleidung gemogelt hatte, da verglich ich lauter Angebote von Fitnessstudios, bestellte mir Unmengen an Literatur zu dieser oder jener Diät, doch bewegt habe ich nichts. Vermutlich hätte ich noch monatelang so weiter machen können, bis ich eines Morgens einfach loslegte mit der Ernährungsumstellung – und siehe da, binnen weniger Wochen waren die kleinen Polster verschwunden. Wenn du also dein Ziel fest im Visier hast, wenn deine Strategie steht und du genau weißt, wie der erste Schritt aussieht, dann heißt es jetzt: Anpacken und loslegen! Dein neues Leben wartet auf dich!

Ist dein Plan wasserdicht?

In den vorangegangenen Kapiteln habe wir viel über Strategie, Mindset und Motivation gesprochen. Jetzt geht es um die konkrete Umsetzung. Nur du kennst dein Ziel, du hast es dir in Kapitel 6 in allen Details vorgestellt und ausgemalt. In Kapitel 7 haben wir an deiner Strategie gearbeitet und in Kapitel 8 und 9 dein Mindset und deine Motivation auf Hochglanz poliert. Schau dir deine Strategie aus Kapitel 7 noch einmal an und prüfe, ob du sie an einigen Stellen noch verbessern und ergänzen kannst. Beispielsweise solltest du genügend Pausen einplanen und dich beim Erreichen eines Etappenziels ausgiebig belohnen. Plane die Belohnungen ruhig schon ein – Vorfreude ist gut für die Motivation. Wenn du beispielsweise abnehmen möchtest, dann kaufe dir in allen Zwischengrößen schöne Kleider, mit denen du dich beim Erreichen des Etappenziels belohnen kannst. Prüfe, ob dein Zeitplan flexibel genug ist, um auch mit Zwischenfällen, Grippeviren und anderen unvorhergesehenen Ereignissen zurechtzukommen und gehe noch einmal durch, ob du alles hast, was du für die Umsetzung brauchst. Das ist besonders wichtig, um dich schnell in deinen Flow zu bringen. Wenn du mit der Aufgabe beginnst, dann ist es ärgerlich, wenn du sie unterbrechen musst, weil dir ein Bestandteil, ein Werkzeug oder eine Information fehlt.

Serendipität – vom Glück des Zufalls

Tesa, Teflon oder Post-it – weißt du, was sie mit Viagra und LSD gemeinsam haben? Sie alle sind zufällig entdeckt worden, während ihre Entdecker eigentlich auf der Suche nach etwas anderem waren. Dieses »Glück des Zufalls« nennt man in der Wissenschaft Serendipität. Streng genommen geht es darum, das zufällige Glück anzuziehen, wie ein Magnet.[55] Der Serendipitätsforscher Naresh Kumar Agarwal hat herausgefunden, dass Serendipität vor allem dann entsteht, wenn wir bereit für das Zufallsglück sind und aufmerksam genug, um es zu bemerken. Seine Analyse beschreibt, dass Serendipität sich dann einstellt, wenn wir wachsam genug sind, um Besonderheiten und kleine Anomalien zu registrieren und sie uns zu merken. Meistens wandern sie dann in unser Unterbewusstsein, wo sie nach einer gewissen »Inkubationszeit« als eine neue, innovative Idee wieder auftauchen.[56]

Scheitern im Silicon Valley

Das Silicon Valley ist der innovativste Ort der Welt. Dort entstehen Ideen, die unser Leben verändern. Kein Wunder, dass man dort eine positive Fehlerkultur hat.

»Scheitere früh, scheitere oft,
damit du schneller etwas erreichst«

ist im Silicon Valley angeblich ein geflügeltes Wort.

Oft denken wir, dass wir uns für Fehler schämen müssen und lassen uns entmutigen, doch das Gegenteil ist der Fall. Das Sprichwort »Aus Fehlern wird man schlau« trifft definitiv zu: Jeder Fehler ist für uns eine Gelegenheit, aus ihm zu lernen und kein Grund, sich zu schämen oder gar aufzugeben. Wenn du dir die Biografien sehr erfolgreicher Menschen von Bill Gates bis Steve Jobs anschaust, dann siehst du, dass sie alle irgendwo auf ihrem Weg gescheitert sind und erst dieses Scheitern sie dazu brachte, ihr Können zu polieren.

Trial and Error – Warum Scheitern wichtig ist

Wer handelt, macht Fehler. Nur der, der gar nichts tut, kann keine Fehler begehen, doch in diesem Kapitel geht es ja gerade um das Anpacken. Auch du wirst auf deinem Weg zwangsläufig Fehler machen und das ist gut so. Diese Fehler werden dir helfen, zu lernen, deine Strategie zu verbessern und sie beim nächsten Mal zu vermeiden. Manche Dinge können wir nur lernen, indem wir sie einfach machen und uns dem Prozess des »Trial and Error« anvertrauen. In Schweden gibt es das inzwischen geschlossene »Museum of Failure«, in dem lauter fehlgeschlagene Ideen und Erfindungen vorgestellt werden, mit dem Ziel, Firmen mehr Mut zu Innovationen – und zum Fehlermachen – zu machen. Das, was du vorhast, hat so noch nie jemand vor dir getan. Die Vorstellung, es fehlerfrei zu machen, ist also absurd und das wäre auch beängstigend, denn es würde dir deinen Lerneffekt nehmen. Deshalb: Freue dich über jeden Fehler und verstehe ihn als Einladung zum Lernen.[57,58]

> Auch du wirst auf deinem Weg zwangsläufig Fehler machen und das ist gut so.

Das sagt die Wissenschaft:
Prokrastinieren macht krank

Was aber, wenn gar nicht mögliche Fehler dein Problem sind, sondern der Anfang an sich? Dann liegt das vermutlich an deinem Hang zu Prokrastination. Es sind Zahlen, die nachdenklich machen: Bis zu 20 Prozent der Bevölkerung leiden an chronischer Aufschieberitis, Fachbegriff: Prokrastination. Statt mit einem Projekt oder einer Aufgabe anzufangen, wird der Anfang immer weiter verschoben, bis man sich in echte Schwierigkeiten gebracht hat. Die Betroffenen können sich ihr Verhalten selbst nicht erklären – und es doch nicht beenden. Prokrastination zeigt sich überall: an der Uni, im Berufsleben, in der Familie und bei Freunden. Vereinbarungen werden nicht eingehalten, man ist chronisch unpünktlich und bringt sich damit in die sprichwörtliche Teufels Küche. Während das E-Mail-Postfach überquillt und die drohende Deadline immer näher rückt, vertreibt man sich die Zeit mit Tätigkeiten, die einen schnellen Erfolg bringen, wie Aufräumen oder Telefonieren. Den Grund dafür vermuten Forscher in der Amygdala. Menschen, die zu starker Prokrastination neigen haben eine größere Amygdala als Menschen, die Dinge schnell erledigen. Betroffene haben Angst vor der Bewertung der eigenen Arbeit und vermeiden sie daher.

Das Problem:

Aufschieben macht auf Dauer
krank und unglücklich.

Wer aufschiebt, muss sich zwangsläufig Ausreden einfallen lassen und seine Umwelt belügen. Außerdem bringt er sich um seine Freizeit und die dringend notwendige Zeit der Erholung, stattdessen hängt die unerledigte Arbeit über ihm wie ein Damoklesschwert. Wissenschaftler in einer breit angelegten Studie haben herausgefunden, dass Menschen, die ständig Wichtiges aufschieben, ein erhöhtes Risiko haben, an Depressionen und Angststörungen zu erkranken und häufiger Erkrankungen des Herz-Kreislauf-Systems erleiden. Wer aufschiebt, schläft schlechter, hat weniger Erfolg und ein geringeres Selbstwertgefühl – keine guten Bedingungen für Zufriedenheit.[59]

Versinnbildlicht:
Nur wer Lotto gespielt hat, kann die Million gewinnen

Zugegeben, die Chancen sind nicht sehr hoch, doch die Sache mit dem Lottoschein zeigt uns klar, dass das Glück nur kommen kann, wenn wir ihm Türen und Tore öffnen. Wenn wir nie etwas versuchen, nie etwas riskieren, dann können wir auch nie gewinnen. Mit dem Lottoschein sendest du jede Woche eine Message an das Universum: Du bist bereit für große, wundervolle Veränderungen. Das soll nicht heißen, dass wir jetzt alle wie verrückt Lotto spielen sollen. Vielmehr geht es darum, dass du in deinem Alltag Ohren und Augen offenhältst, um zu sehen, wo sich dir das Glück zeigt, um es fest in deinem Leben zu verankern. Die Chance auf eine berufliche Veränderung, die Verwirklichung eines Lebenstraums, dein Wunschpartner – sie alle sind da draußen und warten auf dich, doch möglich machen kannst nur du sie.

ToDo

FANG NOCH HEUTE MIT DER UMSETZUNG AN!

Kennst du die 72 Stunden Regel?
SIE BESAGT ANGEBLICH, DASS…

99%

ALLER IDEEN,

MIT DEREN UMSETZUNG NICHT BINNEN
72 STUNDEN BEGONNEN WURDE,
NIEMALS UMGESETZT WERDEN.

LET'S START

Deshalb lautet dein To-Do in diesem Kapitel,
noch heute den ersten Schritt deines Plans
umzusetzen. Worauf wartest du?

Los geht es!

AUSSEN

Handeln

Nimm es an!
#bebrave

Wach auf!
#becurious

Lass es los!
#bedifferent

Mach das Glück zur Gewohnheit!
#behappy

Bleib dran!
#beconsistent

Pack es an!
#beready

Denken

**Entfessele
deine Power!**
#bewild

**Denke dich
glücklich!**
#bepositive

**Schmiede
einen Plan!**
#besmart

Sei dankbar!
#bewow

**Schau in
deine Zukunft!**
#beyou

**Fühle
deine Stärke!**
#beproud

Bleib dran!
#beconsistent

Sei
konsequent
und
bleib
bei
deinem
Plan

MINDSET

Today I am strong

Bleib dran!
#beconsistent

Zum richtigen Umgang mit den eigenen Gefühlen gehört auch, sich nichts vorzumachen. Ehrlichkeit muss her anstelle von leeren Versprechungen. Veränderungen geschehen nicht über Nacht, es braucht Zeit, um sie in unser Leben zu integrieren und meistens bemerken wir erst in der Rückschau, dass sich etwas verändert hat. Wäre es nicht schön, wenn wir einfach mit dem Finger schnipsen könnten und alles, was wir uns wünschen, würde in nur einem Wimpernschlag Wirklichkeit werden? Tja, um Magie zu bewirken, müssen wir uns anstrengen, wir müssen dranbleiben, unser Ziel fest vor Augen haben und dürfen uns

> Ehrlichkeit muss her, anstelle von leeren Versprechungen.

durch keine Ablenkung oder Verirrung von unserem Weg abbringen lassen. Als ich noch zur Schule ging, sagten mir meine Lehrer immer, dass ich es nie zu einem »gescheiten« Beruf bringen würde, weil meine Rechtschreibung viel zu schlecht sei. Jahrelang dachte ich, ich müsste erst 100 Prozent korrekt schreiben können, bevor ich auch nur daran denken durfte, meine Träume zu verfolgen. Rückblickend kann ich sagen: So ein Blödsinn. Rechtschreibung ist bis heute keine meiner Stärken – dafür gibt es Lektoren, Texter und sogar Ghostwriter – doch das ist für meinen Beruf auch gar nicht entscheidend. Vielmehr kommt es darauf an, Menschen zu bewegen, das Beste aus ihnen herauszuholen und sie auf ihren ganz individuellen Weg zu bringen. Korrekte Orthografie spielt da keine Rolle – dafür Emotionen!

Lass dich nicht entmutigen!

Jetzt ist der Zeitpunkt gekommen, dir zu gratulieren! Du hast eine Menge über Gefühle und ihre Kraft gelernt, du hast an deiner Strategie, deinem Mindset und deiner Motivation gearbeitet und den Mut gefasst, den ersten Schritt (und den ersten Fehler) zu machen. Dafür kannst du dir ruhig auf die Schulter klopfen und dich belohnen! Wir alle sind ungeduldig und möchten ein Ziel am liebsten so schnell wie möglich erreichen. Doch mangelnde Geduld kann uns am Ende genau um den Erfolg bringen, nach dem wir uns so sehr sehnen. Deshalb ist es von entscheidender Bedeutung, dass wir uns zwischendrin Pausen gönnen, um neue Kraft zu schöpfen und unseren Geist mit frischer Motivation und neuen Ideen zu versorgen. Viele fürchten, dass eine Pause sie aus ihrem Prozess herausreißt und verpassen den Moment, in dem Konzentration und Fokus nachlassen und sich unnötige Flüchtigkeitsfehler einschleichen. Also leg den Stift zur Seite, runter vom Laufband und weg vom Bildschirm, geh raus in die Natur, triff dich mit Freunden und lass die Seele baumeln. Das wird deinem Projekt gut tun und dich zum Dranbleiben motivieren.

Unsere größte Schwäche ist das Aufgeben

Manchmal stehen wir kurz vor dem Erreichen unseres Ziels und geben trotzdem auf. Entweder, weil wir uns verausgabt haben, weil wir nicht alle Faktoren berücksichtigt haben, weil es uns an Motivation mangelt oder weil wir nicht stark genug an uns glauben. Durchhalten und Dranbleiben sind nach einer guten Vorbereitung und einer tragfähigen Strategie die wichtigsten Faktoren, um dich zu deinem Ziel zu bringen. Thomas A. Edison, der Erfinder der Glühbirne, unternahm 10.000 Versuche, bis es endlich klappte. Stell dir vor, er hätte sich beim 9.999 Versuch entmutigen lassen. Von ihm stammt auch das Zitat:

»Erfolg ist 1 Prozent
Inspiration & 99 Prozent
Transpiration.«

Thomas A. Edison

Auf eine gute Idee und eine tolle Strategie folgt also die unvermeidliche Arbeit, die Hartnäckigkeit und Disziplin erfordert.

Der Self-Made-Millionär Brian Tracy[60] definiert 4 Ds, die notwendig sind, um ein Ziel zu erreichen:

1. Desire

Den unbedingten Wunsch, das Ziel zu erreichen. Hier gehören deine Motivationsfaktoren hin, deine Vision, dein Mindset, die Intensität, mit der du dir wünschst, dass du dein Ziel erreichst.

2. Decision

Der Entschluss, das Ziel auch zu erreichen und alles zu tun, was dafür notwendig ist. Dieses D umfasst ebenfalls dein Mindset, aber auch deine Strategie.

3. Discipline

Ohne Disziplin geht nichts. Wenn gar nichts anderes hilft, dann musst du dich mit deiner Aufgabe einschließen und so lange an ihr arbeiten, bis sie fertig ist. Du darfst dich weder von Rückschlägen noch von Ablenkungen aufhalten lassen und musst deinen inneren Schweinehund im Zaum halten. Die Stimulation deiner Motivation und die Vermeidung von Aufschieberitis sind Bestandteil dieses Ds.

4. Determination

Dein Durchhaltevermögen ist abhängig von deinem Willen. Wie schnell erlaubst du dir, aufzugeben? Wie sehr kannst du dich antreiben, noch einmal ein paar Prozent oben drauf zu legen? Genau darum geht es in diesem D – und in diesem 11. Kapitel. Du bist dem Ziel schon ganz nahe, 99 Prozent sind gedanklich schon geschafft, jetzt musst du bloß noch durchhalten!

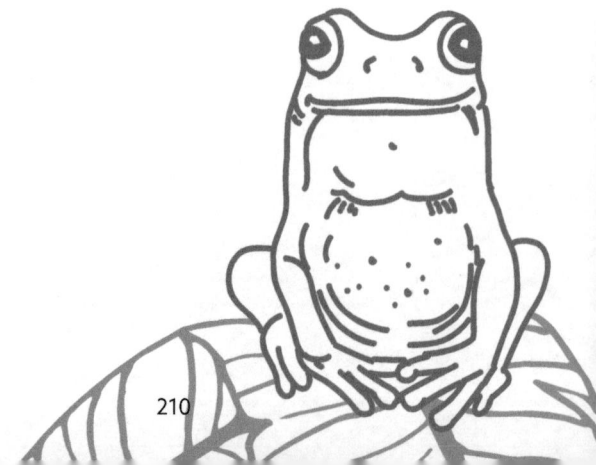

Das sagt die Wissenschaft:

Die Psychologin Angela Lee Duckworth hat hunderte Biografien besonders erfolgreicher Menschen untersucht und herausgefunden, dass nicht etwa Talent oder bestimmte Startbedingungen darüber entscheiden, ob wir ein Ziel erreichen, sondern unser »Biss« (zu englisch: »Grit«).[61] Biss ist für sie eine Mischung aus Begeisterung, Hingabe und Selbstvertrauen. Wenn wir das Vertrauen in die eigene Fähigkeit zu lernen haben (auch aus Fehlern!), dann bringen wir genügend Durchhaltevermögen und Resilienz mit, um unser Ziel auch zu erreichen und uns von Rückschlägen nicht entmutigen zu lassen.

Versinnbildlicht:
»Never Surrender« sagte der Frosch

Vielleicht kennst du das Bild mit dem Frosch, der im Schnabel eines Storchs steckt. Er streckt seine Arme aus und packt den Storch beim Hals. Darüber steht in fetten Lettern: »Never surrender« – »Gib niemals auf!«. Genau darum geht es beim Dranbleiben: Ganz egal, wie mutlos, erschöpft und ausgepowert du dich fühlst, Aufgeben ist keine Option. Leg stattdessen Pausen ein, mach etwas, das dir kurzfristige Erfolgserlebnisse beschert, lenke dich ab, tu dir etwas Gutes – und dann kehre zu deiner Aufgabe zurück.

ToDo

....

ZEIT FÜR
EINE
BELOHNUNG!

....

Nach so viel Disziplin und
Durchhalteparolen ist dein To-Do
für dieses Kapitel ein angenehmes –
es ist an der Zeit, dich ausgiebig
zu belohnen.

Du hast es bis hierher geschafft,
du hast trotz aller Widerstände
nicht aufgegeben und nun ist
dein Ziel zum Greifen nahe.

Deshalb gilt es jetzt, dich für dieses Etappenziel
zu belohnen, und zwar sichtbar.

Gönne dir etwas Schönes, das deinen Erfolg
sichtbar macht und dann geht es auf zum Zieleinlauf!
Als dein größter Fan stehe ich am Ziel
und jubele dir zu.

**Du hast es fast geschafft!
Weiter so!**

AUSSEN

Handeln

Nimm es an!
#bebrave

Wach auf!
#becurious

Lass es los!
#bedifferent

Mach das Glück zur Gewohnheit!
#behappy

Bleib dran!
#beconsistent

Pack es an!
#beready

Denken

Entfessele deine Power!
#bewild

Denke dich glücklich!
#bepositive

Schmiede einen Plan!
#besmart

Sei dankbar!
#bewow

Schau in deine Zukunft!
#beyou

Fühle deine Stärke!
#beproud

Mach das Glück zur Gewohnheit!

#behappy

Empfange
Glück
durch die
Gewohnheiten
deines
Alltags

MINDSET

Today I am a winner

Mach das Glück zur Gewohnheit!
#behappy

Herzlichen Glückwunsch! Wenn du an diesem Kapitel angekommen bist, dann hast du jetzt alles über deine Vision, dein neues Ich und wie du deine Ziele erreichst, erfahren. Du steckst schon mittendrin in der Umsetzung deiner Strategie und hast erste Etappenziele (und Rückschläge) erzielt und gefeiert. Du hast einen ganzen Werkzeugkoffer mit Tipps und Tricks, um die Sache erfolgreich umzusetzen – jetzt heißt es nur noch: Lebe dein neues Glück! Damit dir dabei auch wirklich nichts in die Quere kommt, geht es in diesem Kapitel darum, dem Glück dauerhaft einen Platz in deinem Leben zu geben. Menschen haben ganz unterschiedliche

Lebe dein neues Glück!

Auffassungen davon, was Glück bedeutet. Einige sehen darin eine Aneinanderreihung von vielen glücklichen Erfahrungen, andere nur die Abwesenheit größerer Probleme oder das Gefühl einer allgemeinen Zufriedenheit und wieder andere betrachten ihren Seelenfrieden als größtes Glück. Meiner Erfahrung nach bin ich am glücklichsten, wenn ich von allen Bereichen ein bisschen habe. Dazu gehört auch, dass ich auf mich achtgebe und genau in mich hineinlausche. Meldet sich eine angsterfüllte Stimme, wenn ich einen neuen Auftrag annehme? Bin ich gereizt und lustlos, obwohl mir meine Aufgabe Spaß macht? Dann kann es helfen, einen Ausgleich zu schaffen, zwischen Arbeit und Freizeit, zwischen Broterwerb und Visionen entwickeln. Oder bedarf es einer größeren Veränderung?

Dank »EMOTIONIZE® ME« weiß ich jetzt, wie ich jederzeit in Kontakt mit meinen Gefühlen kommen kann und alles in meinem Leben verwirkliche, was ich mir wünsche. Manchmal ist es aber auch schon damit getan, nicht zuzulassen, dass sich eine schlechte Gewohnheit einschleicht. Vor dem Fernseher einzuschlafen, kann manchmal richtig gemütlich sein, ebenso wie das Glas Wein vor dem Schlafengehen. Wenn das aber regelmäßig geschieht und aus dem Glas Wein zwei werden, dann raubt uns das den Schlaf und damit die Energie für den nächsten Tag. Ich zum Beispiel bin eher Minimalistin in Sachen Sport, doch ich trickse mich selbst damit aus, dass ich immer die Treppe nehme, statt dem Aufzug. Glück kann so einfach sein!

Sklave oder Fan? Beantworte die Frage erneut!

Zu Anfang der Reise von »EMOTIONIZE® ME« wurdest du mit der Frage konfrontiert, ob du Sklave oder Fan von dir selbst bist. Jetzt ist der Augenblick da, um diese Frage erneut zu beantworten. Wie stehst du jetzt zu dir? Wie viel von deinem Ballast aus falschen Glaubenssätzen und Selbstzweifeln bist du auf deinem Weg hierher schon losgeworden und was möchtest du noch loswerden? Was siehst du, wenn du in die Zukunft blickst? Wie klar ist deine Vision, wie deutlich kennst du dein Warum? Wie definierst du deine Stärken – und wie setzt du sie ein? Was sind deine ganz persönlichen Methoden, um deine Ziele zu erreichen und am wichtigsten – wie gut bist du inzwischen darin, deine Gefühle zu verstehen?

Verändere deine Gewohnheiten – und du veränderst dein Leben!

Gewohnheiten sind ein Teil von uns. Jeder hat sie, selbst jene, die behaupten, keine zu haben. Gewohnheiten sind kleine Routinen, die uns im Alltag Sicherheit geben. Wir führen sie aus, ohne über sie nachzudenken. Eine Angewohnheit aufzugeben, ist sehr schwer (das weiß jeder, der einmal geraucht hat). Leichter ist es, Gewohnheiten zu verändern, so dass sie zu unseren besten Freunden werden. Gewohnheiten laufen nach einem bestimmten Muster ab. Ein Auslöser, ein sogenannter »Trigger« setzt einen unbewussten Ablauf in Gang, ein Routineprogramm, dass du wie auf »Autopilot« abspulst. Das erleben wir beim Autofahren, bei dem Weg zur Arbeit, beim Zähneputzen und bei anderen Tätigkeiten, die wir ausführen, ohne über sie nachzudenken. Unser Gehirn, unser fleißiger Helfer, hat sie für uns automatisiert, damit wir unsere Gedanken auf Wichtigeres lenken können. Genau diese Automatisierung macht es so schwer, einmal antrainierte Gewohnheiten wieder aufzugeben – unser Gehirn lässt uns an den Automatismus einfach nicht ran. Noch dazu verfestigt es eine Gewohnheit, indem es uns nach dem erfolgreichen Ausführen einer Gewohnheit auf irgendeine Weise belohnt, meistens mit einem guten Gefühl. Gewohnheiten zu löschen, ist also ein großer Kraftakt mit ungewissem Ausgang. Viel effektiver ist es, Gewohnheiten zu verändern. Dafür ist es notwendig, dass du den Trigger erkennst (beim Rauchen etwa eine Wartezeit oder ein Telefonat) und dann deine Reaktion darauf bewusst steuerst. Statt zur Zigarette zu greifen, mache etwas anderes, das dein Belohnungssystem stimuliert, iss ein Stück Schokolade, massiere Akupunktur-Punkte an deiner Hand oder wirf 50 Cent in ein Sparschwein. Das Belohnungsgefühl wird sich unmittelbar einstellen und dir dabei helfen, Stück für Stück deine Routinen zu verändern.

Bring es zum »EMOTIONIZE® ME« Meistertitel

Gefühle sind so komplex und individuell, dass man hunderte Bücher über sie schreiben könnte, ohne jede ihrer Facetten zu erfassen. »EMOTIONIZE® ME« zielt darauf ab, dich in Kontakt mit deinen Gefühlen zu bringen und deine positiven Gefühle zu verstärken, bzw. dir zu helfen, mit deinen negativen Impulsen besser umzugehen. Aus eigener Erfahrung bin ich davon überzeugt, dass der Schlüssel zum Glück in unseren

> Aus eigener Erfahrung bin ich davon überzeugt, dass der Schlüssel zum Glück in unseren Gefühlen liegt.

Gefühlen liegt. Wie du dieses Glück definierst, das ist dir überlassen. Was wir als Glück empfinden, verändert sich im Laufe unseres Lebens. Wissenschaftler haben herausgefunden, dass die Abwesenheit von Glück vor allem durch das entsteht, was wir nicht (mehr) haben: Den drei Diskrepanzen, zu Englisch Gaps, zwischen dem, was du hast und was du dir wünschst, was du einmal hattest und jetzt vermisst, was andere haben und dir fehlt.In welchem Bereich ist deine größte Lücke und wie könntest du mit »EMOTIONIZE® ME« versuchen, sie zu schließen?[62] »EMOTIONIZE® ME« richtet sich dezidiert an Männer und Frauen, auch wenn ich blind davon ausgehe, dass mehr Frauen als Männer unter meinen Lesern sind. Emotionen gelten bis heute als »Frauensache«, dabei haben Männer ebenso tiefe und komplexe Emotionen wie Frauen und das Bedürfnis, sich mit ihnen zu beschäftigen. Hier ist noch ein gutes Stück gesellschaftliche Entwicklungsarbeit notwendig.[63]

Emotionen
haben Einfluss auf jeden
Bereich in unserem Leben,
insbesondere auf
unsere Gesundheit.

Allerdings ist der Zusammenhang nicht so eindeutig, wie uns manche Bücher erzählen wollen. Die Wissenschaft hat gezeigt, dass nicht jene oder diese Emotion sofort zu einer bestimmten Krankheit führt. Jedoch haben Emotionen einen langfristigen Einfluss auf unsere Gesundheit. Feindseligkeit, Verbitterung und ein aufbrausendes Wesen begünstigen nicht nur Herz-Kreis-lauf-Erkrankungen, sondern verkürzen auch unsere Lebens-dauer, wie die Telomere-Forschung zeigt.[64] Wenn wir Kinder beobachten, dann stellen wir oft fest, dass sie den Umgang mit ihren Emotionen – Zorn, Schmerz und Vorfreude – erst noch lernen müs-sen, doch auch bei uns Erwachsenen gibt es häufig Nachholbedarf. Manche Emotionen sind so stark, dass sie über uns hereinbrechen wie eine Naturgewalt. Mit etwas Übung können wir lernen, negati-ven Emotionen viel von ihrer destruktiven Kraft zu nehmen und die Anlässe für positive Emotionen zu steigern.[65] Sich mit Emotionen zu beschäftigen, heißt auch, die Gefühle der anderen wahrzunehmen und zu respektieren. Jeder von uns ist manchmal achtlos, wenn es darum geht, was andere fühlen. Das Zauberwort in diesem Zusammenhang lautet »Empathie«. Wenn wir mit anderen mitfüh-len und unser Verständnis für ihre Gefühle ausdrücken, dann lösen sich viele Konflikte in Luft auf und das Unmögliche wird möglich.[66] Wenn du nach all dem noch immer nicht genug von Glück und Emotionen hast, dann habe ich auf meiner Homepage noch ein besonderes Goodie für dich.[67]

Das sagt die Wissenschaft:
Positive Interventionen stimulieren dein Glück

Unser Alltag ist voller Herausforderungen und kleiner und großer Probleme. Die positive Psychologie kennt deshalb sogenannte »positive Interventionen«, die deinem Glück auf die Sprünge helfen, wenn es sich mal wieder versteckt hat.[68]

1. 3 Blessings – drei gute Taten

Notiere jeden Abend drei Dinge, die an diesem Tag besonders gut gelaufen sind. Lege dafür ein eigenes Glücks-Notizbuch an.

2. Gratitude Letter – der Dankesbrief

Schreibe einer Person, die dein Leben positiv beeinflusst hat, einen Dankesbrief mit 300 Wörtern und lass dieser Person den Brief zukommen – am besten persönlich!

3. Versöhnung durch das REACH-Ritual

Konflikte gehören zum Leben dazu, doch oft verlieren wir durch sie wichtige Menschen. Das REACH-Ritual hilft dir, diesen Konflikt aufzulösen.

Das REACH-Ritual

So löst du Konflikte auf:

Recall (Zurückrufen)

Rufe dir das Negative so sachlich wie möglich wieder in das Gedächtnis.

Empathie

Versuche, das Geschehene aus Sicht deines Gegenübers zu betrachten und Verständnis für ihn aufzubringen.

Altruistisches Geschenk der Vergebung

Erinnere dich an eine Situation, in der dir jemand vergeben hat und erlebe die Dankbarkeit noch einmal, die du danach empfunden hast.

Commit (Verbindlichkeit)

Halte deine Vergebung fest, indem du jemandem davon erzählst oder sie öffentlich machst.

Hold on to forgiveness (Festhalten an der Vergebung)

Mache die Vergebung zur entscheidenden Erinnerung an diesen Konflikt, nicht den Schmerz oder den Verlust.

Versinnbildlicht:
Die zwei Wölfe in deinem Herzen

Meine Metapher zum Thema »Glücksgewohnheiten« stammt aus dem indigenen Nordamerika. Der genaue Ursprung ist unbekannt.

Die Geschichte geht so:

Ein alter Indianer sitzt mit seinem Sohn am Lagerfeuer und spricht: »*Mein Sohn, in jedem von uns tobt ein Kampf zwischen zwei Wölfen. Der eine Wolf ist böse. Er kämpft mit Neid, Eifersucht, Gier, Arroganz, Selbstmitleid, Lügen, Überheblichkeit, Egoismus und Missgunst.*

Der andere Wolf ist gut. Er kämpft mit Liebe, Freude, Frieden, Hoffnung, Gelassenheit, Güte, Mitgefühl, Großzügigkeit, Dankbarkeit, Vertrauen und Wahrheit.« Der Sohn fragt: »*Und welcher der beiden Wölfe gewinnt?*«

Der alte Indianer schweigt eine Weile. Dann sagt er: »*Der, den du fütterst.*«

Welchen Wolf fütterst du mit deinen Gedanken und deinen Taten? Das entscheidet maßgeblich darüber, wie glücklich du bist.

ToDo

ERSTELLE EINE BEST-OF-LISTE DEINER POSITIVEN GEWOHNHEITEN

NACH SO VIEL SELBSTREFLEXION UND ARBEIT AN DIR SELBST, IST ES NUN DER MOMENT, UM DICH SELBST ZU LOBEN.

ERSTELLE EINE LISTE VON LAUTER POSITIVEN GEWOHNHEITEN, DIE DU SCHON LÄNGER ODER VIELLEICHT ERST SEIT KURZEM HAST.

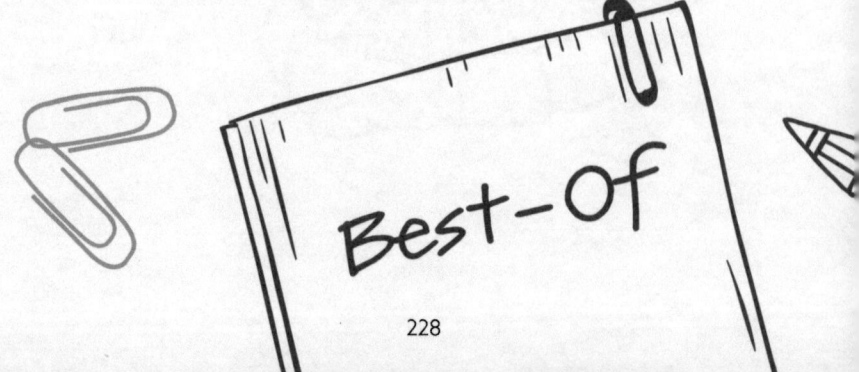

Schreibe auf, was sich durch diese
neuen Gewohnheiten für dich
verändert hat und was du noch
erreichen möchtest.

**Fühlt sich gut an, hm?
Ich gratuliere!**

Herzlichen Glückwunsch!

Wow! Was für eine gewaltige, fantastische Reise hinter uns liegt, mitten durch die Welt der Emotionen. Und es gibt noch so viel mehr zu entdecken!

Die Beschäftigung mit unseren Gefühlen ist ein immerwährender Prozess, denn das Leben ist voller Überraschungen. Schon morgen kann etwas (oder jemand!) an deine Tür klopfen und deine Gefühlswelt auf den Kopf stellen. Mit »EMOTIONIZE® ME« hast du jetzt eine Methode, mit der du deine Gefühle, ganz gleich, wie stark und überwältigend sie sind, verstehen und kontrollieren kannst. Wenn wir unsere Gefühle ignorieren, unsere Ohren vor ihren Botschaften verschließen und sie verdrängen, dann gewinnen ihre negativen Aspekte immer mehr an Kraft und können einen destruktiven Einfluss auf unser Leben haben. Manchmal sind solche negativen Emotionen wie ein schleichendes Gift, das unser Leben nach und nach überschattet, manchmal brechen sie wie Katastrophen über uns herein und wir wissen gar nicht, wie uns geschieht.

Die gleiche Kraft haben gute Emotionen allerdings auch. Wenn wir uns auf das konzentrieren, was uns glücklich macht, im Kleinen, wie im Großen und für lauter kleine Glücksimpulse in unserem Leben sorgen, dann stellt sich das große Glück von ganz alleine ein. Was bleibt mir am Ende dieser Reise zu sagen? Ich freue mich auf dich! Schreibe mir, lass mich wissen, wie du »EMOTIONIZE® ME« erlebst, was dein ganz persönlicher Weg hin zu der Superpower deiner Gefühle ist. Du findest mich auf Instagram und Facebook, und erreichst mich natürlich auch per Mail. Ganz besonders freue ich mich, wenn ich dich im

»EMOTIONIZE® ME« Online-Kurs treffe und wir deine Reise zu deinen Gefühlen gemeinsam fortsetzen. Investiere in dich und dein Potenzial, glaube an dich und deine Ziele und höre auf das, was deine Emotionen dir sagen – und du wirst feststellen, dass nichts unmöglich ist. Wunder geschehen – ich habe es an mir selbst gesehen! Seit ich »EMOTIONIZE® ME« lebe, bin ich selbstbewusster, gesünder, beruflich erfolgreicher, lebe in einer glücklichen Beziehung und ziehe lauter kreative, erfolgreiche und tolle Menschen an. Genau das kannst auch du haben, wenn du die Kraft deiner Emotionen für dich entdeckst.

Ich freue mich auf dich!
Deine Tine

Der Online-Kurs
zum Buch

Wusstest du schon, dass es
»EMOTIONIZE® ME« auch als
Online-Kurs zum Vertiefen gibt?
Sichere dir gleich deinen Platz!

Komplett flexibel, wann und wo du willst.
Jetzt direkt loslegen!

www.emotionizeme.de

AUSSEN

Handeln

Nimm es an!
#bebrave

Wach auf!
#becurious

Lass es los!
#bedifferent

Mach das Glück zur Gewohnheit!
#behappy

Bleib dran!
#beconsistent

Pack es an!
#beready

Denken

**Entfessele
deine Power!**
#bewild

**Denke dich
glücklich!**
#bepositive

**Schmiede
einen Plan!**
#besmart

Sei dankbar!
#bewow

**Schau in
deine Zukunft!**
#beyou

**Fühle
deine Stärke!**
#beproud

Mach eine Schleife dran!

So nutzt du den ewigen Kraft-Kreislauf der Emotionen!

Jetzt geht's los! Vom Wechselbad der Gefühle ab ins Schaumbad der Emotionen. »EMOTIONIZE® ME« kannst du in einem Zug durchlesen, Thema für Thema bearbeiten oder im Nachgang immer wieder die Kapitel zu Rate ziehen, die für dich gerade wichtig sind. Dank der Emotionsschleife siehst du auf einen Blick, wo sich dein Glückspotenzial aktuell versteckt. Nutze sie, um deinen Gefühlskreislauf in einen echten Flow zu bringen. Denn Denken und Handeln gehen fließend ineinander über und beeinflussen sich unwillkürlich – wenn du das verinnerlicht hast, hast du den Schlüssel zur Kraft der Emotionen in der Hand! Solltest du einmal nicht weiterkommen – zieh einfach die Schleife zu Rate. Die To-Dos in den Kapiteln dienen dir immer wieder als Übung und Reminder, achtsam mit dir selbst und deinen Emotionen umzugehen.

»EMOTIONIZE® ME« entstand aus der Idee heraus, Menschen in Einklang mit ihren Emotionen zu bringen – mehr noch, diese wertvollen Gefühle zu echten Glückslotsen zu machen. Wer seine Gefühle kennt, kennt sich selbst. Mit dieser Hilfestellung können wir lernen, unsere Gefühle, Gedanken und unser Handeln zu steuern und für unser ganz persönliches Glück zu nutzen. Seit ich »EMOTIONIZE® ME« lebe, hat sich mein Leben von Grund auf verändert. Möge also auch dein bestes Heute in der Zukunft ein richtig schlechter Tag sein.

Deine Tine

Lust auf mehr EMOTIONIZE® ME?
Noch intensiver wird die Wirkung von »EMOTIONIZE® ME« durch die zahlreichen begleitenden Infos und Materialien: Folge mir auf Instagram (@christinehoeft) oder nimm am Online-Kurs zum Buch teil!

Die 12 Schritte von »EMOTIONIZE® ME«

Komm mit in die fantastische Welt der Emotionen.
Mit jedem Kapitel dieses Buches wird deine persönliche
Emotionsschleife ein Stück vollkommener.
Mach das Glück in Zukunft zur Gewohnheit.

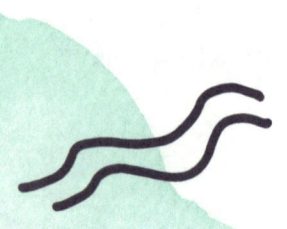

☐

☐

☐

☐

☐

☐

☐

☐

☐

☐

☐

☐

Danke & Endnoten

[1] Hast du Lust, mehr über positive Gewohnheiten zu erfahren? Dann lies meinen Blogbeitrag »Deine besten Freunde oder schlimmsten Feinde?« zu dem Thema.

[2] **DANIELA BLICKHAN**
Mehr über die Positive Psychologie kann man hier nachlesen:
Positive Psychologie: Ein Handbuch für die Praxis Taschenbuch.
Junfermann Verlag (2018)

[3] **ROBERT MATTHEWS**
»If there's more than one possible outcome of a job or task, and one of those outcomes will result in disaster or an undesirable consequence, then somebody will do it that way.«
Tumbling toast, Murphy's Law and the fundamental constants.
European Journal of Physics. Band 16, Nr. 4, 18. Juli 1995, S. 172–176.

[4] **GAVIN DE BECKER**
Vertraue deiner Angst: Wie unsere Intuition uns vor Gewalt schützt.
Mvg Verlag (2016)

[5] Der deutsche Kinofilm »Nicht weit von mir« (2015) erzählt die Geschichte einer jungen Frau, die das luzide Träumen entdeckt. Dort werden auch die Techniken zum Erlernen des luziden Träumens sehr schön abgebildet.

[6] **FRANCIS PICABIA**
Der Kopf ist rund, damit das Denken die Richtung wechseln kann.
Hatje Cantz Verlag (2016)

[7] MICHAEL B. FRISCH
Quality of Life Therapy: Applying a Life Satisfaction Approach to Positive Psychology and Cognitive Therapy.
Wiley Verlag (2005)

[8] Ein Arbeitsblatt zum CASIO-Modell findest du auf
www.christinehoeft.de

[9] VIKTOR E. FRANKL
…trotzdem Ja zum Leben sagen: Ein Psychologe erlebt das Konzentrationslager.
Penguin (2018)

[10] HÖLZEL, B.K., CARMODY, J., VANGEL, M., CONGLETON, C., YERRAMSETTI, S.M., GARD, T., LAZAR, S.W.
Hier gibt es die ganze Studie: *Meditation practice leads to increases in regional brain gray matter concentration.*
Psychiatry Research: Neuroimaging, 191, 36-42. (2011)

[11] PETRA BOCK
Den Begriff »Mindfuck« hat die Autorin des gleichnamigen Buchs empfunden, eine meiner absoluten Leseempfehlungen. Aha-Erlebnisse und jede Menge Lacher versprochen!
Mindfuck: Warum wir uns selbst sabotieren und was wir dagegen tun können.
Knaur Verlag (2011)

[12] KRISTIN NEFF
Selbstmitgefühl: Wie wir uns mit unseren Schwächen versöhnen und uns selbst der beste Freund werden.
Kailash Verlag (2012)

[13] NEFF, K. D., CAMP; GERMER, C. K.
A pilot study and randomized controlled trial of the Mindful Self-Compassion program.
Journal Of Clinical Psychology, 69(1), 28-44. (2013)

[14] PENNEBAKER, J. W. & FRANCIS, M. E.
Cognitive, emotional, and language processes in disclosure.
Cognition and Emotion, 10, 601–626. (1996)

[15] MILLER & KRIZAN
Walking facilitates positive affect (even when expecting the opposite).
Emotion. Aug;16(5):775-85. (2016)

[16] RHONDA BYRNE
The Secret – Das Geheimnis
Arkana Verlag (2012)

[17] GABLE, S. L., REIS, H. T., IMPETT, E., & ASHER, E. R.
What do you do when things go right? The intrapersonal and interpersonal Benefits of sharing positive events.
Journal of Personality and Social Psychology, 87, 228-245. (2004)

[18] Enthusiastisch mit dem umzugehen, was andere mit uns teilen, ist mein heimliches Erfolgsrezept in der Kommunikation. Im Blogbeitrag »Glücksverstärker gesucht" kannst du nachlesen, wie mir das im Alltag gelingt und im Blogbeitrag „Erfolgsfaktor geteiltes Glück«, wie ich es in meinem Beruf gestalte.

[19] Ich bin süchtig nach »Zufälligen Taten für das Glück«. Auf meiner Webseite kannst du in meinem Blogbeitrag »Act of Kindness« dazu nachlesen.

[20] Zum Beispiel hier: https://www.naturalbeachliving.com/acts-of-kindness/

[21] Das ist nicht der einzige positive Effekt des Random Act of Kindness – lies hier nach, was Experten dazu sagen: https://drdavidhamilton.com/the-5-side-effects-of-kindness/

[22] AARON ANTONOVSKY
Salutogenese. Zur Entmystifizierung der Gesundheit.
Deutsche Herausgabe von Alexa Franke
dgvt-Verlag (2015)

[23] AARON ANTONOVSKY
Glücklich zu sein, macht uns also auch gesund. Lies dazu hier meinen Blogbeitrag zum Thema Resilienz.

[24] UWE AN DER HEIDEN
Chaos und Ordnung, Zufall und Notwendigkeit.
In: Günter Küppers (Hrsg.): Chaos und Ordnung. Formen der Selbstorganisation in Natur und Gesellschaft (= Reclams Universal-Bibliothek. 9434) Deutsche Herausgabe von Alexa Franke
Reclam (1996)

[25] EMMY WERNER
Details zu der Studie und alle von Emmy Werners Ergebnissen kannst du hier nachlesen: *Overcoming the Odds: High Risk Children from Birth to Adulthood.*
Cornwall University Press (1992)

[26] EMMY WERNER
Lies dazu meinen Blogbeitrag zur schamanischen Reise nach innen

und probiere das Hörbuch eines hawaiianischen Schamanen an: *Serge Kahili King: Der schamanische Weg nach innen. Meditationen aus Hawaii.* **Lüchow Verlag (2010)**

[27] Über diesen Link kannst du den Stärkentest aufrufen und gleich loslegen: http://www.persoenlichkeitsstaerken.ch/

[28] Möchtest du mehr darüber erfahren, wie du einzelne Stärken aktivieren kannst? Dann lies meinen Blogbeitrag zum Thema »Stärken aktivieren«. Ich bin gespannt auf deine Fortschritte!

[29] Du findest im Blogbeitrag dein »Stärken-Bootcamp«.

[30] **NORMAN DOIDGE**
Die Selbstheilungskräfte unseres Gehirns sind beeindruckend. Ich empfehle dir dazu das Buch: *Neustart im Kopf: Wie sich unser Gehirn selbst repariert.*
Campus Verlag (2017)

[31] **DEPAAK CHOPRA, RUDOLPH E. TANZI**
Hast du Lust dein Gehirn in ein echtes Superbrain zu verwandeln? Dann empfehle ich dir dieses Buch: *Super-Brain: Angewandte Neurowissenschaften gegen Alzheimer, Depression, Übergewicht und Angst.*
Nymphenburger Verlag. (2013)
Außerdem gibt es meinen Blogbeitrag: »Dein Gehirn langweilt sich – unternimm etwas!«

[32] **RICHARD M. RYAN, EDWARD L.DECI**
Self-Determination Theory: Basic Psychological Needs in Motivation, Development, and Wellness.
Guilford Press (2017)

33 ANTHONY ROBBINS
Das Robbins Power Prinzip: Befreie die innere Kraft.
Ullstein (2004)

34 Lies hier meinen Blogbeitrag »Emotionen freien Lauf lassen« zu der Frage, ob emotionale Stabilität etwas mit dem Ausleben von Emotionen zu tun hat.

35 JOHN STRECKELEY
Mein Favorit zum Thema »Big Five« stammt von John Streckeley (2009): The Big Five for Life: Was wirklich zählt im Leben. dtv.
Oder du liest meinen Blogbeitrag zum Thema *»Big Five«*.

36 DR. JOSEPH MURPHY
Mein Lieblingsbuch zum Thema »Affirmationen« ist ganz neu erschienen: *Entfesseln Sie die Macht Ihres Unterbewusstseins: 52 Affirmationen – Die Essenz des Weltbestsellers.*
Ariston (2019)

37 Wenn du mehr darüber erfahren möchtest, wie du mit Hilfe deines Unterbewusstseins Magie entfesselst, dann lies meinen Blogbeitrag *»It's magic! Entdecke die Zauberkraft deines Unterbewusstseins«.*

38 CORNELIUS VON MITSCHKE-COLLANDE
Mehr zur psychologischen Kraft der Transzendenz kannst du hier nachlesen: *Die Kompetenz der Transzendenzfähigkeit: eine Studie zur Bewusstseinsforschung.*
Dissertationsschrift (2010)

39 JOHN STRECKELEY

John Streckeley (2007): *Das Café am Rande der Welt. Eine Erzählung über den Sinn des Lebens.*
dtv.

40 SEYMOUR S. EPSTEIN
Integration des kognitiven und des psychodynamischen Unbewussten.
American Psychologist , 49, 709–724. (1994)

[41] Lies meinen Blogbeitrag *»Die Kraft des konstruktiven Denkens«* und mache deinen persönlichen CTI-Test. Lass dich überraschen!

[42] Diesen großartigen Vortrag findest du hier: *http://www.ted.com/index.php/talks/simon_sinek_how_great_leaders_inspire_action.html*

43 G. T. DORAN
There's a S.M.A.R.T. way to write management's goals and objectives.
Management Review, 70. Jg., Nr. 11, S. 35–36. (1981)

44 M. F. SCHEIER UND C. S. CARVER
Mehr zu den Auswirkungen positiver Erwartungen auf Körper, Geist und Seele findest du in diesem bahnbrechenden Artikel: *Optimism, coping, and health: Assessment and implications of generalized outcome expectancies.*
Heath Psychology, 4(3), 219-247. (1985)

[45] Weitere Informationen zu den drei Säulen positiven Denkens erwarten dich in meinem Blogbeitrag *»Positives Denken – so gelingt es«.*

[46] Lies dazu meinen Blogbeitrag *»Das Geheimnis der Spiegelneuronen«.*

[47] Konkrete Tipps, wie du deine Umgebung positiv gestaltest, kannst

du in meinem Blogbeitrag »*Du bist, was dich umgibt – positive Symbole und Implse*« entdecken. Viel Spaß dabei!

⁴⁸ THEODOR ABT
Mehr zum Thema der Jungschen Symboltheorie findet sich hier: *Archetypische Träume zur Beziehung zwischen Psyche und Materie.* In: H. Atmanspacher, H. Primas, E. Wertenschlag-Birkhäuser (Hrsg.) *Der Pauli-Jung-Dialog und seine Bedeutung für die moderne Wissenschaft.* **Springer Verlag, S. 115 f. (1995)**

⁴⁹ DEEPAK CHOPRA
Ebenfalls eine absolute Leseempfehlung von mir: *Das Buch der Geheimnisse.* **Goldmann Verlag (2008)**

⁵⁰ AMY CUDDY
Mehr zu den Powerposen: *Dein Körper spricht für dich: Von innen wirken, überzeugen, ausstrahlen.* **Mosaik Verlag (2016)**

⁵¹ RICHARD M. RYAN, EDWARD L.DECI
Self-Determination Theory: Basic Psychological Needs in Motivation, Development, and Wellness. **Guilford Press (2017)**

⁵² MIHALY CSIKSZENTMIHALYI
Das Flow-Erlebnis – Jenseits von Angst und Langeweile: im Tun aufgehen. **Klett-Cotta (1993)**

Lies außerdem in meinem Blogbeitrag »*Willkommen im Rausch des Flows*«

[53] DAVID DISALVO
Alles zu den kognitiven Verzerrungen, mit denen uns unser Gehirn manchmal in die Irre führt: *Was Ihr Gehirn glücklich macht... und warum Sie genau das Gegenteil tun sollten.*
Springer Spektrum (2014)

[54] Noch mehr Booster für deine Motivation gibt es in meinem Blogbeitrag *»Motivation komm raus, du bist umzingelt!«*

[55] Mein Blogbeitrag zum Thema *»Serendipität«* erwartet dich auf meiner Webseite **www.christinehoeft.de**

[56] NARESH KUMAR AGARWALS
Ergebnisse kann man hier nachlesen: *Towards a definition of serendipity.*
Information behaviour, vol. 20 no. 3, September (2015)

[57] Anfang 2019 wurde bekannt, dass der Initiator des Museums bankrott ist. Die Website ist allerdings nach wie vor online: *https://failuremuseum.com.* Auf Youtube kannst du einen Blick in das berühmte *»Fehlermuseum«* werfen: *https://www.youtube.com/watch?v=slNKzCovPqg*

[58] Lies hier meinen Blogbeitrag zum Thema *»Scheitern mit Stil«.*

[59] FUSCHIA SIROIS & TIMOTHY PYCHY
Mehr zu den Auswirkungen von Prokrastination auf die Gesundheit kann man hier nachlesen: *Fuschia Sirois & Timothy Pychy (2016): Procrastination, Health, and Well-Being. Academic Press.*
Wenn du erfahren möchtest, wie du den Teufelskreis der Prokrastination durchbrichst, dann lies dazu meinen Blogbeitrag
»Anti Prokrastinationsstrategien«.

⁶⁰ BRIAN TRACY
Ziele: Setzen Verfolgen Erreichen. **Campus Verlag (2018)**

⁶¹ ANGELA LEE DUCKWORTH
Mir hat ihr Buch über das Durchhalten beim Schreiben dieses Buches geholfen: GRIT – Die neue Formel zum Erfolg: mit Begeisterung und Ausdauer ans Ziel.
Bertelsmann Verlag (2017)

⁶² In meinem Blogbeitrag *»Wie groß ist deine Lücke«* gehe ich auf die *Gap-Theorie* ein.

⁶³ Mehr zum Thema »Geschlecht und Gefühl« kannst du in meinem Blogbeitrag *»Warum Frauen besser über Gefühle reden und Männer seltener weinen«* entdecken.

⁶⁴ Zusätzliche Infos dazu gibt es in meinem Blogbeitrag *»Fühl dich gesund – Emotionen und Gesundheit«.*

⁶⁵ Mit dem richtigen Umgang mit Emotionen beschäftigt sich mein Blogbeitrag *»Emotionen richtig ausdrücken«.*

⁶⁶ »Empathie im Alltag« ist das Thema meines Blogbeitrags.

⁶⁷ Für noch mehr Glücksimpulse lade dir mein kostenloses PDF *»7 Schritte zum Glück«* unter **www.christinehoeft.de** herunter.

⁶⁸ ANDRÉ & MATTHIEU RICARD
Mehr zu positiven Interventionen aus der Positiven Psychologie gibt es hier: *Christophe: Das Geheimnis einer glücklichen Seele: Positive Psychologie in der Praxis.* **Taschenbuch. Scorpio Verlag (2015)**

Bibliografische Information der Deutschen Nationalbibliothek:

Die Deutsche Nationalbibliothek verzeichnet diese Publikation in der Deutschen Nationalbibliografie; detaillierte bibliografische Daten sind im Internet über **dnb.dnb.de** abrufbar.

1. Auflage 2020

GESTALTUNG
zwetschke GmbH & Co. KG

DRUCK
CPI books GmbH

VERLAG
Christine Hoeft

ISBN: 978-3-00-064945-5